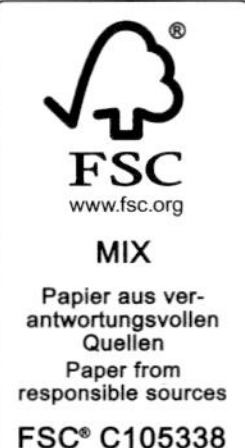
FSC
www.fsc.org
MIX
Papier aus ver-
antwortungsvollen
Quellen
Paper from
responsible sources
FSC® C105338

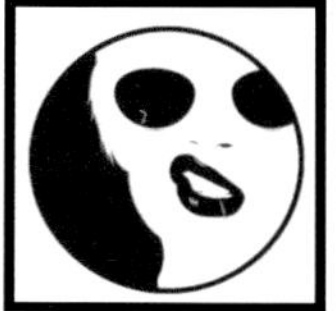

POLA POLANSKI
@pola_polanski
polapolanski.de
annettehaug@t-online.de
Verlag: BoD · Books on Demand GmbH, In de Tarpen 42, 22848 Norderstedt, bod@bod.de
Druck: Libri Plureos GmbH, Friedensallee 273, 22763 Hamburg
ISBN: 978-3-7693-2865-3

Annette Haug / Pola Polanski

WAHNSINNSFRAUEN*
EIN KUNSTPROJEKT

Inhalt:

STATEMENT ZU WAHNSINNSFRAUEN*

Dieses Kunstprojekt begleitet mich schon seit mindestens 25 Jahren. Angefangen hat es mit dem Sachbuch **„Touched With Fire: Manic Depressive Illness and the Artistic Temperament"** von **Kay Redfield Jamison**, welches im Jahr 1996 erschienen ist. In ihrem Buch beleuchtet sie die Korrelation zwischen der manisch-depressiven Krankheit und der künstlerischen Kreativität. Anscheinend haben Künstler:innen mit der Diagnose „Bipolar" eine hohe Prädisposition für Kreativität. Die Autorin beleuchtet Einzelschicksale und es ist erstaunlich, wieviele herausragende Persönlichkeiten an dem Krankheitsbild „Bipolar" litten. Die Autorin **Kay Redfield Jamison** ist von Beruf Psychiaterin und selbst von der Krankheit betroffen. Sie warnt davor, die erkrankten Künstler:innen mit dem Medikament Lithium zuzuschütten, denn dadurch könne die Kreativität brach gelegt werden.

Ich beschäftigte mich weiter mit dem Thema und stieß auf die Reihe **„Genie, Irrsinn, Ruhm"** von **Wilhelm Lange-Eichbaum**. Folgende 11 Bände hat der Psychiater Wilhelm Lange-Eichbaum verfasst:

Band 1: Die Lehre vom Genie
Band 2: Die Komponisten
Band 3: Die Maler und Bildhauer
Band 4 und 5: Die Dichter und Schriftsteller
Band 6: Die religiösen Führer
Band 7: Die Philosophen und Denker
Band 8: Die Politiker und Feldherren
Band 9: Die Wissenschaftler und Forscher
Band 10: Die Erfinder und Entdecker
Band 11: Die Revolutionäre und Sozialreformer

Zu Kunst und psychopathischem Künstlern meint Lange-Eichbaum in der 1928 erschienenen Erstausgabe: „Der begabte Psychopath bringt die günstigsten Bedingungen für das Kunstschaffen mit; unter den erfolgreichen Genies werden wir darum auch mehr von ihnen antreffen. Der ganz Gesunde kann das einfach nicht leisten, wonach sich die Menschheit sehnt." (S. 313)

Die „**Sammlung Prinzhorn**" hat zwischen den Jahren 1840 und 1945 Werke von Psychiatrie-Patienten zusammengetragen, welche die Wechselwirkung zwischen seelischer Krankheit und Kreativität verdeutlichen könnten. **Art Brut** oder **Outsider Art** führt seit dem Jahr 1945 diese Ästhetik fort.

Stehen Kapitalismus und Schizophrenie in einem Zusammenhang? Der Philosoph **Gilles Deleuze** und der Psychoanalytiker **Félix Guattari** haben im Jahr 1977 gemeinsam ein Buch herausgebracht mit dem Titel **„Anti-Ödipus: Kapitalismus und Schizophrenie"**

Meine These ist, dass auch das **Patriarchat** im Zusammenhang mit Schizo-phrenie zu erwähnen wäre: Manche Männer denken, sie wären gegenüber den Frauen höhergestellte Menschen. Intelligente kreative Frauen, die sich in diesem patriarchalischen System wehren, werden von den Männern, die psychopathisch oder narrzisstisch denken, oft so drangsaliert, dass sie verrückt werden und in der Psychiatrie landen oder gar Suizid begehen. Diese Männer haben Angst vor Machtverlust. Der Fachbegriff ist: **Gaslighting**. Mögliche weiter schlagende Worte wären: **Kapitalismus, Patriarchat und Schizophrenie.**

Ein wunderbarer Dichter ist **Ernst Herbeck**. Sein Arzt **Leo Navratil** hat Herbeck während seines langjährigen Psychiatrie-Aufenthalts Aufgaben gestellt, worauf Herbeck mit seiner Lyrik antwortete. Beispielsweise ist folgendes Buch von **Ernst Herbeck** im Jahr 1999 in dritter Auflage erschienen: **„Im Herbst da reiht der Feenwind".**

Suhrkamp hat in den Jahren 1992 bis 1999 insgesamt drei Bände der feministischen Sprachwissenschaftlerin **Luise F. Pusch** mit dem Titel „**Wahn-sinnsFrauen**" herausgebracht.

Die im Jahr 2013 in Englisch erschienene Graphic Novel „**Marbles: Mania, Depression, Michelangelo and Me**" von **Ellen Forney** beleuchtet auf unterhaltsame Weise die bipolare Störung.

Zum Thema „**Gaslighting**" hat die US-Frauen-Band **Dixie Chicks** eine CD herausgebracht mit dem Titelsong: „**Gaslighter**".
Aus den Lyrics:
„Gaslighter, denier
Doin' anything to get your ass farther
Gaslighter, big timer
Repeating all of the mistakes of your father"

Aktuelle Gegenwartsliteratur zum Thema „Irre" wäre das Buch „**Die Gestörten Warum sie unseren Wohlstand sichern**" von **Wolf Lotter**. Auch die Forschung zu ADHS im Zusammenhang mit Kreativität wird im Moment diskutiert.

Von all den Frauenschicksalen, die ich kennenlernte, sind meine Säulenheiligen die großartig wegweisende Schriftstellerin **Virginia Woolf** und die Künstlerin und Schriftstellerin **Unica Zürn**. Beide haben sich das Leben genommen.

Da mich das Thema nicht losließ, beschaffte ich mir im Laufe der Jahre bis heute immer wieder Literatur zu **„Frau und Wahnsinn"**, so dass bei mir das Thema mittlerweile ganze Bücherregale füllt. Oft gab es Wiederholungen, Doppelungen, aber ich wurde nicht müde, diese Sinnsuche aufzugeben. Vielmehr schlägt und schlug sich das Wiederkehrende in meinen Texten und Bildern nieder, was anhand dieses Kunstprojekts ersichtlich wird. Ich kreise und kreiste wie ein Helikopter über diesem Themenfeld. Je mehr man sich mit einem Thema beschäftigt, tauchen immer wieder neue Dinge auf, die verdaut werden müssen. Bewegt man sich auf Inseln können auch nach mehrmaligem Bereisen wieder neue Sehenswürdigkeiten in Erscheinung treten.

POLA POLANSKI

Stuttgart 1. Januar 2025

WAHN-SINNS-FRAUEN* IN DER KUNST

Camille Claudel

* 8. Dezember 1864 in Fère-en-Tardenois; † 19. Oktober 1943 in Montdevergues

Camille Claudel war Bildhauerin und blieb zu Lebzeiten im Schatten des fast 24 Jahre älteren August Rodin, ihrem Lehrer und Geliebten. Vielleicht machen sie nicht nur ihre Arbeiten, sondern auch ihr tragisches Leben heute so bekannt. Zu ihrer Mutter hatte Camille Claudel kein gutes Verhältnis, dafür aber zu ihrem Vater, der sie auch in ihrer künstlerischen Ausbildung und Arbeit unterstützte. Als die Beziehung zu Rodin immer komplizierter wurde, trennte sich C. C. von ihm und wohnte in eigenen kleinen Wohnungen in Paris. Sie fiel in eine finanzielle und emotionale Krise. Und als dazu auch noch der Vater starb, hatte sie keine Unterstützung mehr von der Familie. C. C. stürzte langsam in einen Wahn und zerstörte einen Großteil ihrer Arbeiten. Ihre Mutter und ihr jüngerer Bruder ließen sie in die Psychiatrie einweisen, wo sie noch 30 Jahre lang ohne jegliches künstlerisches Schaffen lebte. Sie starb wegen Unterernährung an einem Schlaganfall. Ihre übrig gebliebenen Kunstwerke sind heute unter anderem im Musée d'Orsay in Paris zu sehen.

kataton

Kein Geld, keine Liebe, so sitze ich hier im Dunklen, kann meine Arbeiten nicht mehr ansehen, kann sie nicht wegräumen, bin kataton auf diesen Stuhl gefesselt. Der Vater tot, während meine Mutter und mein Bruder mir ihre Raubtierzähne in den Nacken beißen. Meine nicht vorhandenen Nackenhaare stellen sich auf, wenn ich an Rodin denke. Verloren, der Traum verloren an die Verlogenheit der Menschen. Die Dunstglocke des Wahnsinns senkt sich auf mich herab. Ich sehe sie an, diese Statue. Sie ist von mir, mein Kunstwerk. Aber wenn ich sie genauer ansehe, kommt es mir, das ist Rodin, ich habe Rodin modelliert. Rodin hat mich aufgegeben. Ich muss ihn umbringen. Ich kann die Schmach, die er mir angetan hat, nicht länger verkraften. Da, der Hammer. Ich zerschlage ihn. Ich hebe meinen Arm, in der Hand der Hammer und ich schlage, ich schlage immer fester zu, bis er zerspringt.

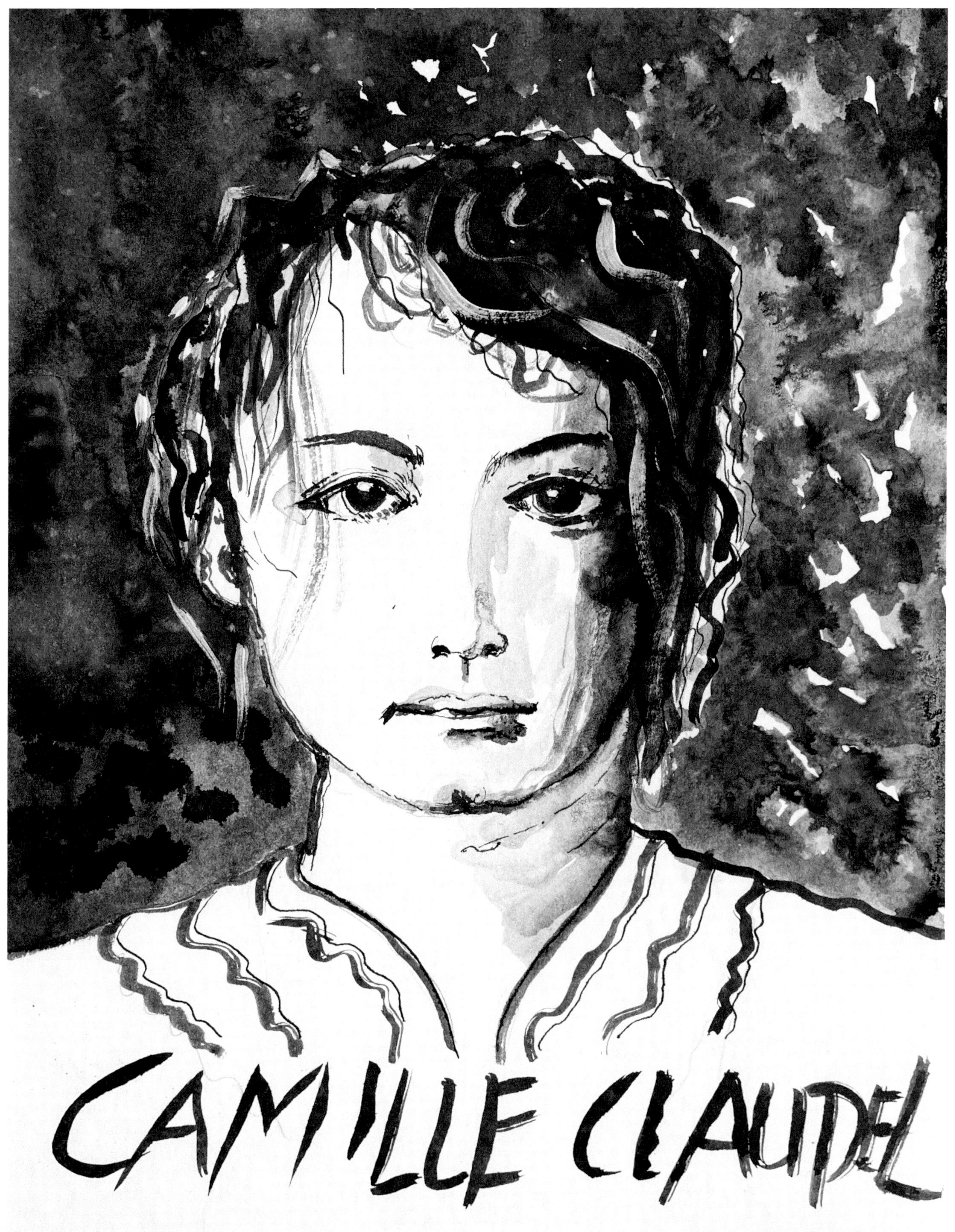

CAMILLE CLAUDEL

Tracey Emin

* 3. Juli 1963 in Croydon, London

Tracey Emins Kunst ist stark autobiografisch geprägt und provozierend. Sie zählt zu den Young British Artists (YBA). Ihre Arbeiten bezeichnet sie selbst als „living autobiography". In ihrem Werk erzählt sie von sexuellem Missbrauch, weiblicher Identitätssuche und dem Bestreben, auszubrechen. Als Mittel benutzt sie Zeichnungen, Bücher, Film, Installationen, Objekte und Wandbehänge. Eines ihrer Werke ist besonders bekannt. T. E. hat ihr ungemachtes Bett (My Bed, 1998) ausgestellt, das mit benutzten Kondomen, Alkoholflaschen, Zigarettenkippen und blutverschmierter Unterwäsche geziert ist. Eine weitere Arbeit zeigt ein Zelt, das mit den Namen der Menschen bestickt ist, mit denen sie im Bett war (Everyone I Have Ever Slept With, 1995).

ES

Es ist dunkel. Ich versuche zu schlafen, doch da passiert es wieder. Ein Licht geht im Flur an. Ich höre die Schritte. Das ES kommt wieder. ES öffnet meine Schlafzimmertür. Ein noch dunklerer Schatten als die Dunkelheit fällt auf den Boden. Mein Herz klopft bis zur Decke. Ich ziehe mir das Laken über den Kopf. Ich will ES nicht sehen. ES ist ein Verbrecher. ES ermordet meine Seele. Was bildet ES sich eigentlich ein, woher hat ES diesen Freibrief, sich über mich herzumachen?

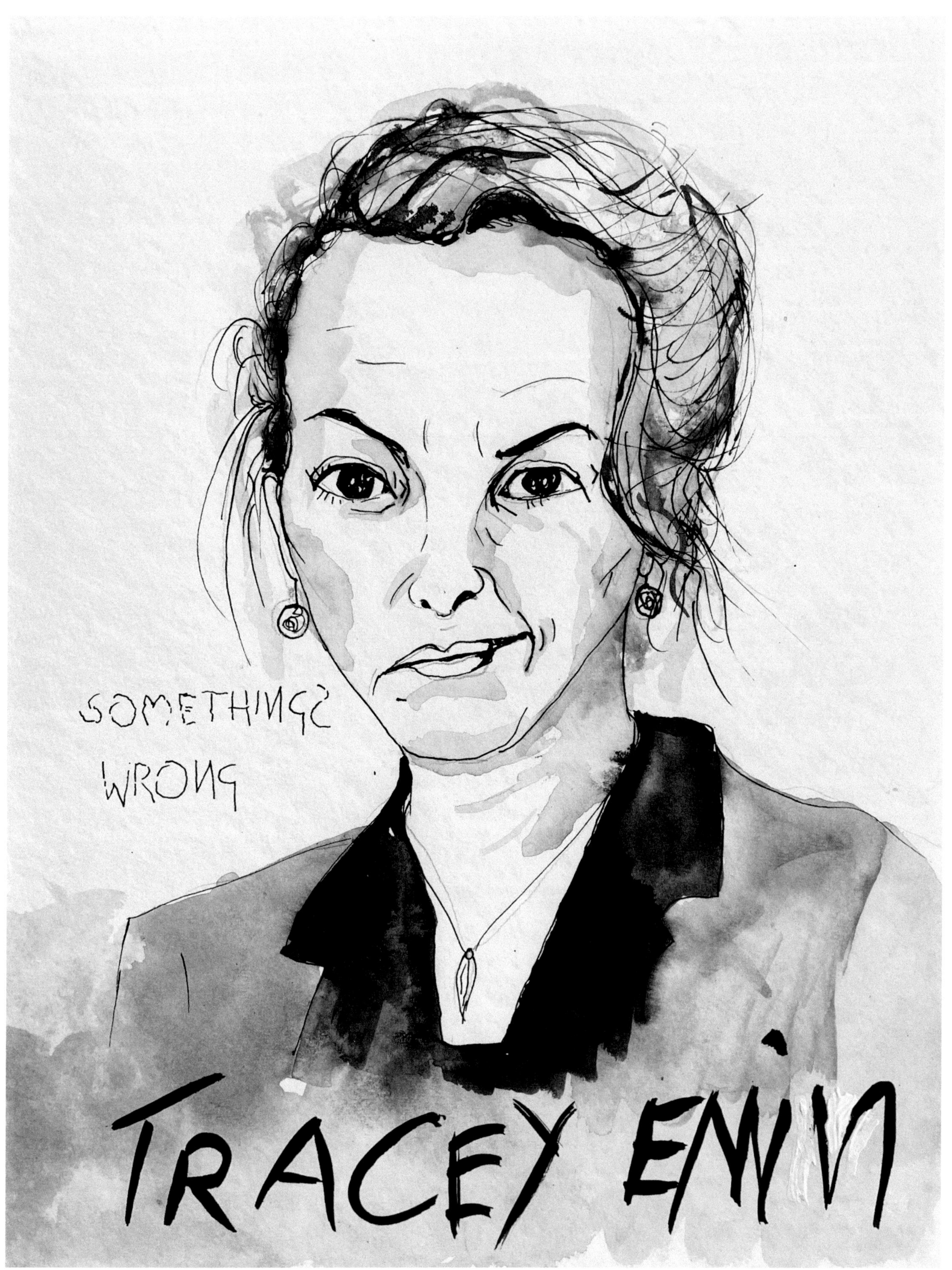

SOMETHINGS
WRONG
TRACEY EMIN

Nan Goldin

* 12. September 1953 in Washington, D. C.

Die bisexuelle Fotografin Nan Goldin beleuchtet in ihrer Kunst sich und ihr eigenes Lebensumfeld. Ihre acht Jahre ältere Schwester beging Suizid. Vielleicht hat sie dieser Vorfall so stark geprägt, dass sie eine Zeit lang von Heroin und Schmerzmitteln abhängig war. Nan Goldins Bilder könnte man als autobiografisches Werk sehen. Ihre Fotos dokumentieren die New-Wave-Post-Punk-Szene, die schwule Subkultur, die LGBTQI-Community, die HIV-Krise in Großstädten und die Beziehung zu Drogenkonsum, Heroin und Opiaten. Auf dem Foto mit dem Titel „Siobhan in my mirror" zeigt Nan Goldin ihre kurzhaarige Liebhaberin Siobhan Liddell in einem schwarzen Anzug und Krawatte. Am Spiegel hängt das Foto eines weiblichen Akts. Vielleicht ist dies eine ironische Anspielung auf den männlich sexualisierten Blick auf den weiblichen Körper. Die Identität von N. G. ist anscheinend fließend, denn in den Kunstrezeptionen wird sie manchmal als Mann, manchmal als Frau bezeichnet.

Der Voyeur

Ich muss den Schmerz dokumentieren, festhalten, anklicken, vielleicht verschwindet dann dieser Trigger in meinem Hirn, der sich über mein ganzes Schmerzzentrum ausbreitet und sich wie ein Gumminetz über meinen Kopf stülpt. Wenn ich etwas fotografiere, verstehe ich den Sinn hinter den Dingen, ich operiere wie mit einem Röntgenblick mich selbst und mein Gegenüber und lege für mich bloß, was der Kern, das Zentrum des Erlebten von mir und für andere bedeutet. Ich bin ein Voyeur, der mit dem verlängerten Auge der Kamera die Schale wegschält und somit eine Frucht ernten kann, die mit ihrem süßen Geschmack die Verletzungen vergessen lässt.

„Meine Arbeit ist immer aus Empathie und Liebe entstanden." — NAN GOLDIN

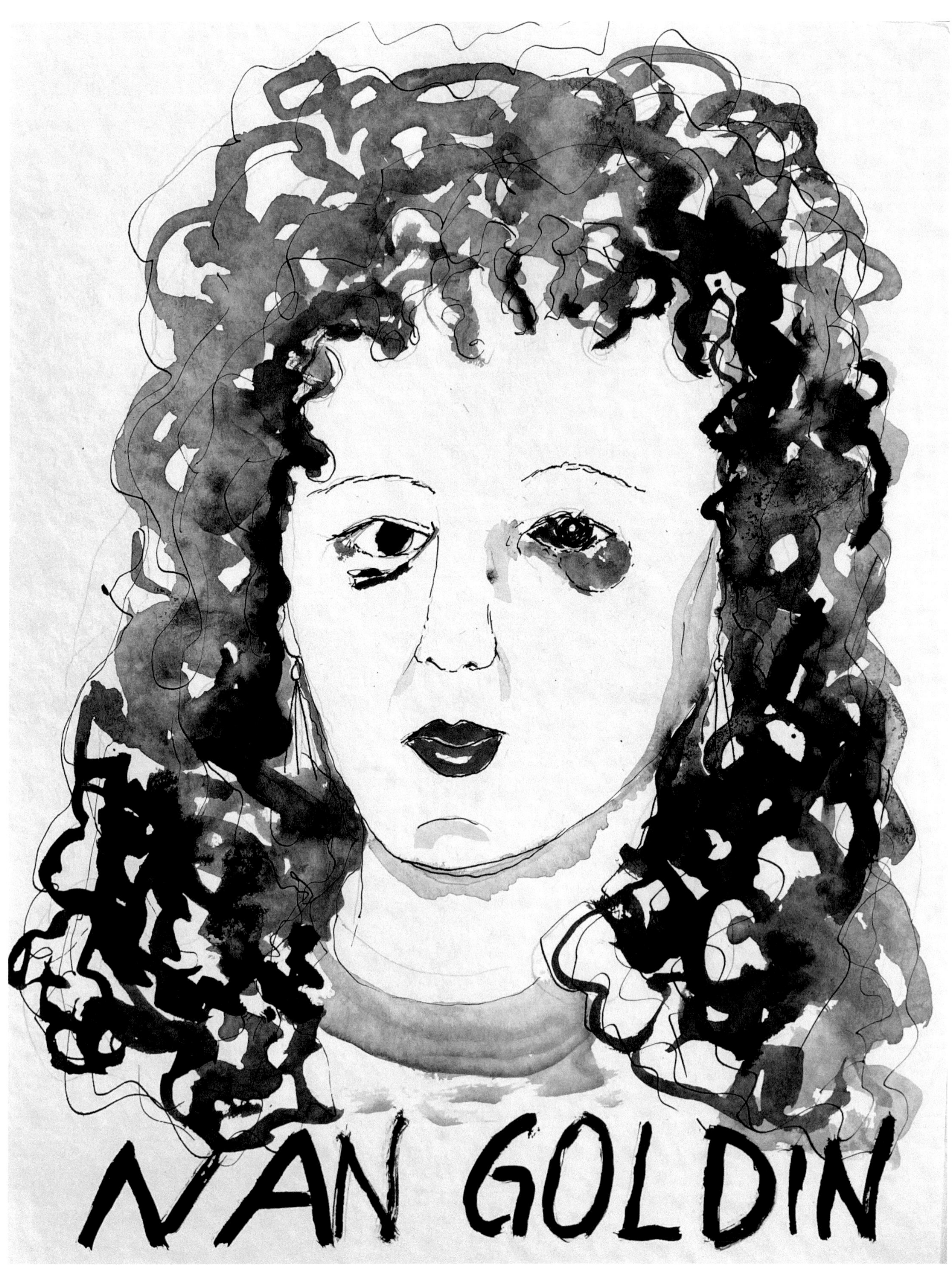

NAN GOLDIN

Yayoi Kusama

* 22. März 1929 in Matsumoto

Y. K. wuchs in einem strengen Elternhaus auf, deshalb hatte sie später anscheinend Halluzinationen; sie sah Punkte und Netzmuster (Polkadots) und dachte, sie würde sich darin auflösen. Sie selbst sagt darüber, das würde sie auf ein Nichts reduzieren. Es dauerte lange, bis Y. K. auf ihre Kunst aufmerksam machen konnte. Sie lebte für eine längere Zeit in New York und versuchte sowohl mit Skulpturen und Bodypaintings als auch mit Performances und Fotos, in denen sie sich selbst inszenierte, bekannter zu werden. Sie sagte einmal, sie habe Angst vor Phallussymbolen, verwendete sie aber irgendwann in ihrer eigenen Kunst. Ihr war es auch ein Anliegen, als weibliche Künstlerin, die ihr eigenes Geld verdienen konnte, anerkannt zu werden, was ihr tatsächlich später gelang, aber es war ein langer Kampf. Einmal wurde sie auf der Biennale in Venedig abgewiesen. Daraufhin machte sie vor dem Eingang eine riesige Kunstaktion mit dem Namen „Narcissus Garden". Die Aktion wurde von der Polizei aufgelöst, aber da war sie schon die bekannteste Künstlerin der damaligen Biennale geworden. Auch bei anderen Kunstaktionen ist die Polizei eingeschritten. Da ihre Kunst in New York nicht fruchtete, sie also nicht bekannter wurde, ging sie im Jahr 1977 zurück nach Japan und quartierte sich freiwillig in einer Psychiatrie ein, wo sie noch heute lebt und arbeitet.

Polkadots unter der Dunstglocke des Wahns

Ich denke, ich befinde mich unter einer Dunstglocke des Wahnsinns. Es ist aber vielleicht nur mein Denken, dass so etwas denkt und deshalb denke ich, ich könnte dem Wahnsinn anheimgefallen sein. Ich höre Stimmen und einmal habe ich viele rote Punkte gesehen und dachte, das sei der Wahnsinn. Vielleicht resultierten die roten Punkte auch nur aus einem Nachbild, das ich irgendwo in einem Traum gefangen habe. Manchmal sind Traum und Wirklichkeit nicht voneinander zu trennen. Ich bewege mich auf diesem schmalem Grat, der Trennungslinie zwischen Wahn und Realität.

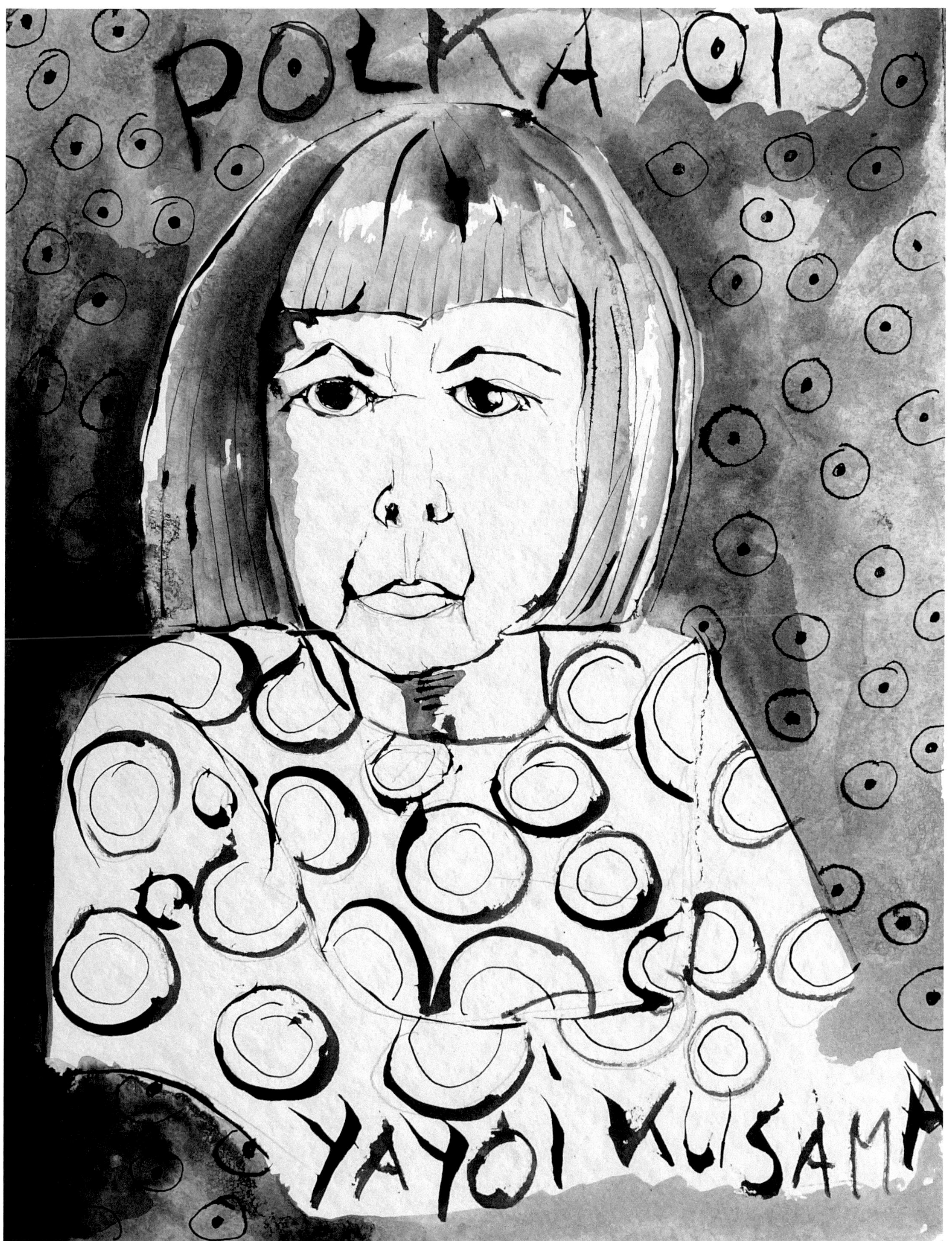
POLKADOTS
YAYOI KUSAMA

Dora Maar

* 22. November 1907 in Tours, † 16. Juli 1997 in Paris

Sie arbeitete im Bereich der Fotografie. Als Motive dienten ihr im Kontrast zu ihren Modefotos auch Außenseiter, Arbeitslose und Obdachlose, bis sie sich dem Surrealismus zuwandte. Ein sehr bekanntes Werk ist das „Bildnis von Ubu". Hier manipulierte sie die Fotografie eines Gürteltier-Embryos. Während dieser Zeit gehörte D. M. zur Gruppe Contre-Attaque. Sie lernte darauf Picasso in Paris kennen. Jener war begeistert von Dora Maars Unnahbarkeit und ihrer rätselhaften Ausstrahlung. Die Beziehung hielt acht Jahre. In jener Zeit wandte sich D. M., um Picasso einen Gefallen zu tun, der Malerei zu, obwohl sie vorher durch ihre Fotografien zu einer bekannten Größe aufgestiegen war. Ihre Liebesbeziehung endete, als Picasso Françoise Gilot kennengelernt hatte. D. M. zog sich in die Einsamkeit zurück, bis sie wegen Depressionen in einer psychiatrischen Klinik behandelt werden musste. Viele Historiker und Kritiker nahmen Dora Maar lange Zeit nicht als eigenständige Künstlerin wahr. Sie ist von Picasso, der ein rücksichtsloser Narzisst war, nie losgekommen. Die einzige Frau, die es geschafft hat, sich dem Bannkreis Picassos zu entziehen, war Françoise Gilot. Dora Maar ist an der Abfuhr von Picasso psychisch zerbrochen. Erst nach ihrem Tod wurde Dora Maar als wichtige Künstlerin wiederentdeckt.

depressiv

Es gibt kein Entkommen, kein Entkommen aus Pablos Armen. Er zieht mich an wie ein geheimnisvoller Magnet und ich bekomme die Gedanken an ihn nicht aus dem Schädel. Stoßwellen aus meinem Hirn hämmern auf mich ein und ich kann mich nicht auf die Arbeit konzentrieren. Oft sitze ich wie gelähmt den ganzen Tag am Fenster, ohne mich groß rühren zu können. Die dunklen Wellen der Depression schlagen über mir zusammen. Es ist so, als ob ich tief unten in einem Turmverlies, das auf der Spitze mit Eisengittern versiegelt ist, säße, mit 15 Meter hohen Mauern, während ich im Dreck wie eine Kakerlake im Erdreich hause. Ich wünsche mich in Pablos Arme, aber weiß doch, dass er mich nicht aus meinem Moloch ziehen wird. Er ist mit der anderen zusammen und hat mich vergessen, mich, die doch so lange seine Liebe war. So sitze ich jetzt hier vor einer Leinwand und male schwachsinnig Blumen, anstatt meinen Fotoapparat in die Hand zu nehmen.

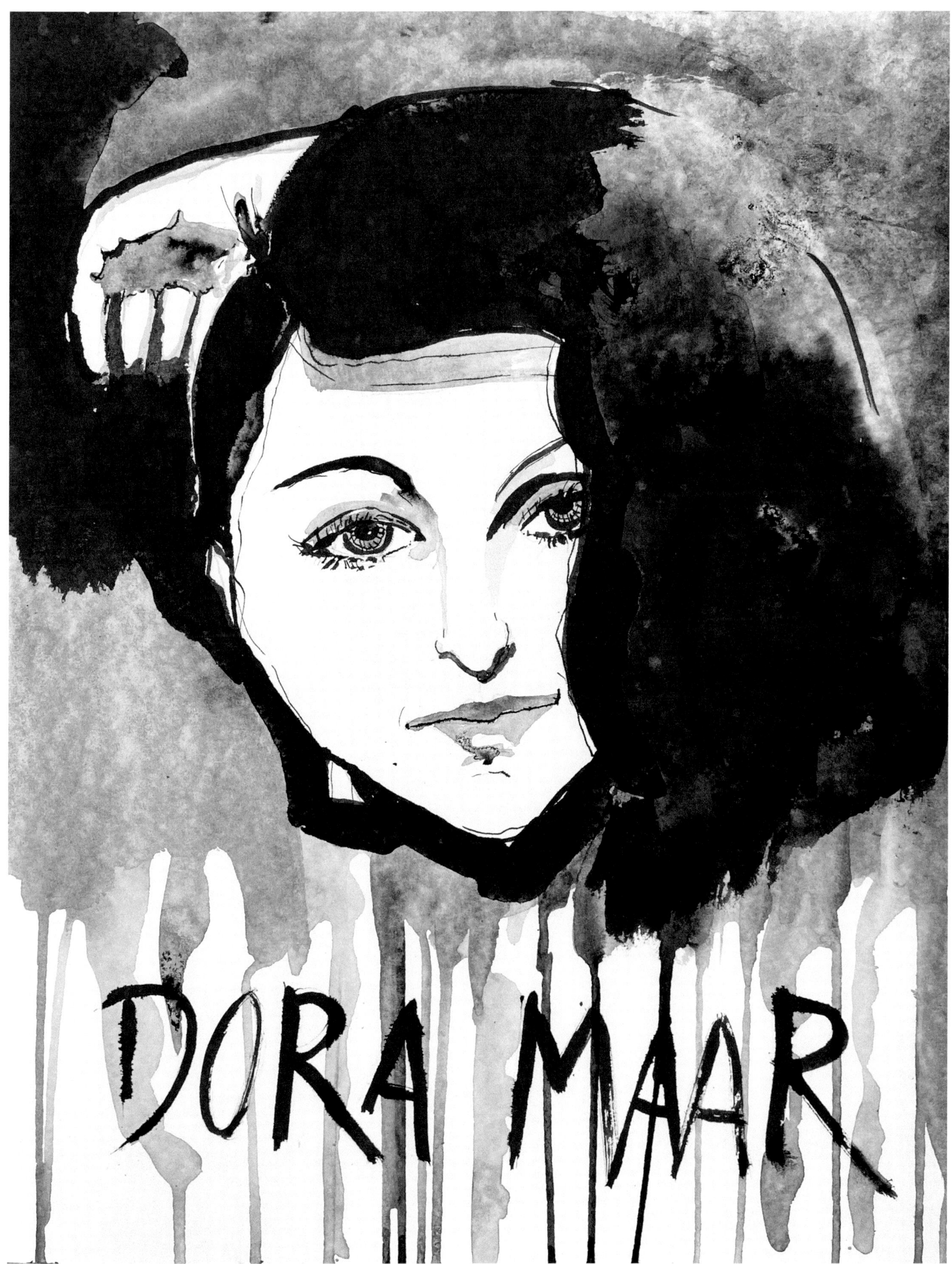
DORA MAAR

Georgia O'Keeffe

* 15. November 1887 in Sun Prairie, Dane County, Wisconsin, † 6. März 1986 in Santa Fe, „New Mexiko"

Georgia O'Keeffe ist als Malerin bekannt geworden durch ihre Blumenbilder, die erotische Konnotationen haben. Später malte sie Knochen und Schädel, Landschaften, und am Ende ihrer Karriere Wolkenformationen. Als eine der ersten Frauen brach sie in die Männerdomäne der Kunstwelt ein und eroberte sich ihren Platz. Viele sahen ihre Kunst als feministisch an, aber sie wies dies selbst zurück. Sie war mit dem Fotograf Alfred Stieglitz verheiratet. Jener schoss unzählige Porträts von ihr, die sie zu ihrer künstlerischen Selbstinszenierung nutzte. Im Alter von 42 Jahren rutschte sie für drei Jahre in eine Depression, die in einem Nervenzusammenbruch endete. Sie musste psychiatrisch behandelt werden. Sie schuf 2.000 Werke. Als sie 98 Jahre alt war, starb sie erblindet.

morbid

Wenn ich diese Blume male, geschieht das nur aus künstlerischer Sicht, nicht, wie andere behaupten, um mich als Frau in die Kunstwelt einzuschreiben. Die Blume ist und bleibt für mich eine rein formale Angelegenheit, ich will damit keine feministisch-erotische Richtung prägen. Genauso lehne ich es ab, meine Blumen psychoanalytisch zu deuten, wie es manche meinen, tun zu wollen. Eine Blume ist eine Blume ist eine Blume. Knochen, Schädel und Geweihe erinnern mich an mein eigenes nervliches Zerbrechen und meine Sterblichkeit. Ich male sie, da das Morbide meinen Seelenzustand in der drei Jahre dauernden Depression widerspiegelt. So lange konnte ich wegen meiner Krankheit nicht malen und jetzt beschäftige ich mich mit totem Material, als ob ich selber abgestorben wäre. Vielleicht ist meine zunehmende Blindheit auch so etwas wie ein Sterben.

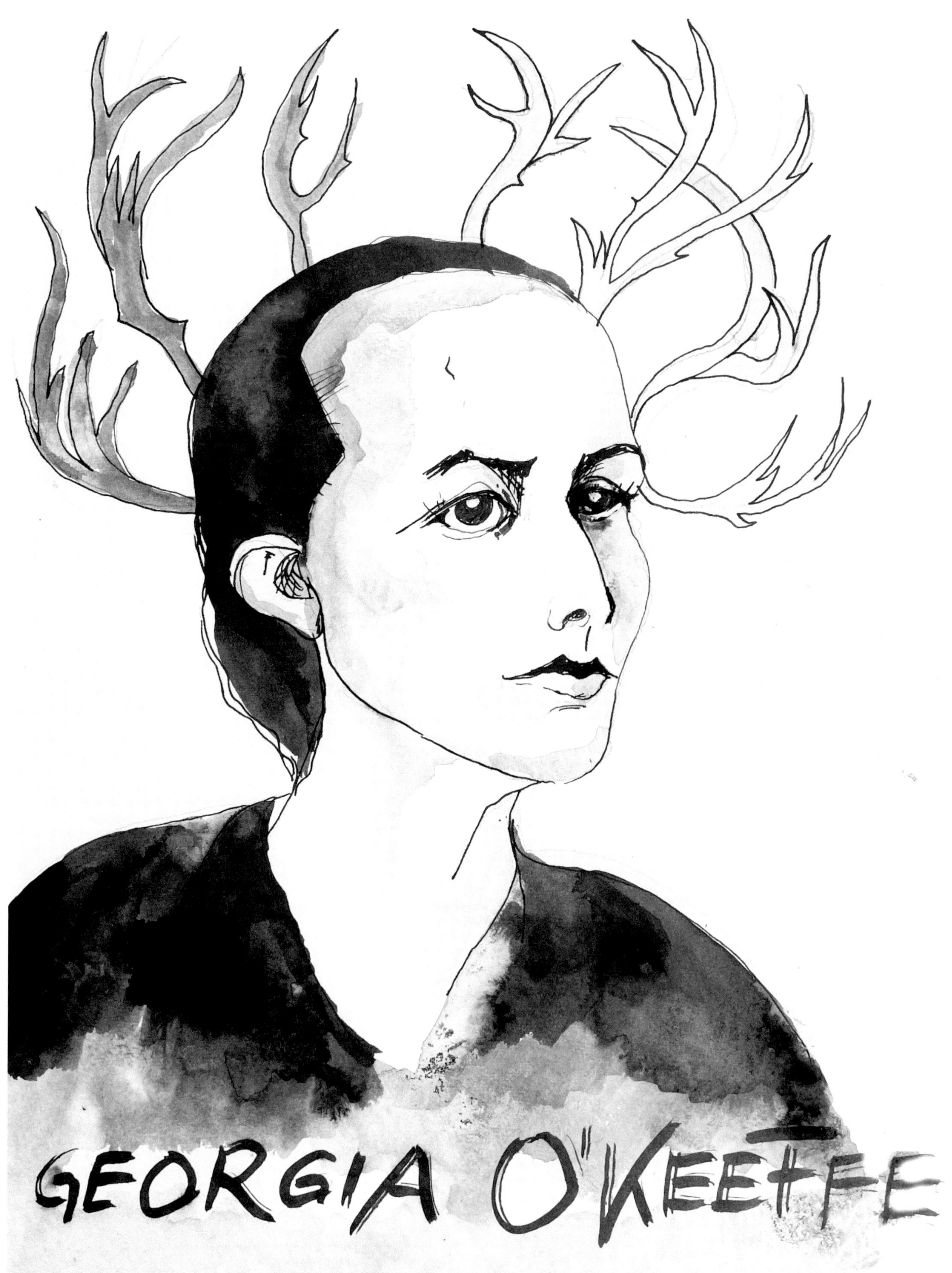

GEORGIA O'KEEFFE

Niki de Saint Phalle

* 29. Oktober 1930 in Neuilly-sur-Seine bei Paris; † 21. Mai 2002 in San Diego

Nike de Saint Phalle, später in ihrem Leben mit Jean Tinguely verheiratet, war Malerin und Bildhauerin. Sie wurde in ihrer Kindheit von ihrem Vater sexuell missbraucht. Deswegen war sie kurze Zeit in der Psychiatrie. Über ihre Therapie hat sie mit ihrer Kunst, die für sie Lebensprinzip wurde, angefangen. Zuerst war sie Aktionskünstlerin. Bei ihren „Schießbildern" schoss sie auf Gipsreliefs mit eingearbeiteten Farbbeuteln. Ab 1965 entstanden die ersten riesigen Nana-Figuren, die in bunten, grellen Farben leuchten und sich durch ihre üppige Form auszeichnen. Die größte Figur ist 29 Meter lang, eine liegende Skulptur, die N. S. P.„Hon" (schwedisch: „sie") taufte. Die Skulptur konnte durch die Vagina betreten werden. Darin waren auch eine Bar und ein Kino. 1979 begann sie den Bau des Garten Giardino dei Tarocchi in der Toskana. Bekannt ist auch der Strawinski-Brunnen vor dem Centre Pompidou in Paris; sie hat ihn gemeinsam mit Tinguely erschaffen. Niki de Saint Phalle lebte am Schluss wegen des guten Klimas in San Diego, denn die langjährige Arbeit mit giftigen Dämpfen, die bei der Verarbeitung von Kunststoff entstehen, hatte eine Lungenkrankheit ausgelöst.

verschlängelt

Die Schlange, ich muss sie nehmen, das höchst sexuell aufgeladene Symbol. Die Schlange, sie würgt mich. Die Schlange, sie kriecht in meinen Ausschnitt, die Schlange, sie kroch damals in meine Vagina. Die Schlange meines Vaters in mir, die ich doch so klein war. Ich muss das alles machen, ich muss riesige, grelle, üppige Frauen kreieren, damit will ich die Männer provozieren, bloßstellen. Ich will die Männer kastrieren, indem sie in dieses überdimensionierte Vaginaloch, mein Vaginaloch reingehen müssen, in meine Hon, in meine Sie, die ich bin. Meine Nanas sind meine Retter vor den riesigen Phalli, die in mir wüten, ich will sie eliminieren, die Phalli, heiße ich doch genauso. Ich muss sie mit meinem Namen, den ich trage, in mir vernichten. Vielleicht muss ich endlich kotzen, wenn sie mir um den Hals liegen, mich würgen, ja, dann muss ich kotzen, dann habe ich sie ausgekotzt.

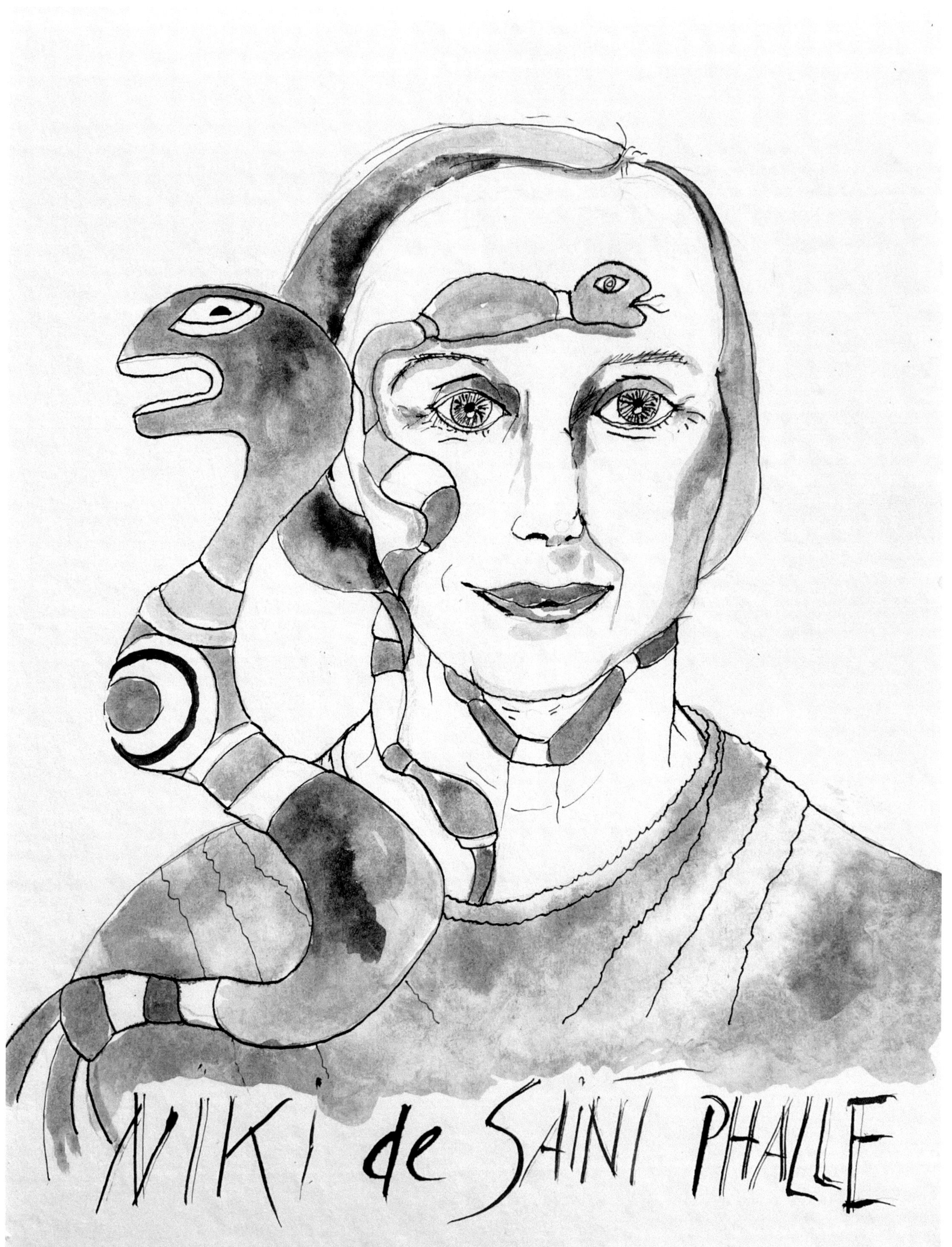

NIKI de SAINT PHALLE

Unica Zürn

* 6. Juli 1916 in Berlin-Grunewald, † 19. Oktober 1970 in Paris

Unica Zürn war sowohl Bildende Künstlerin als auch Schriftstellerin, wobei sie ihre Bildende Kunst nicht sehr herausstellte. Ihr künstlerisches Werk ist dem Surrealismus zuzuordnen; das ist beachtlich, denn wenige Frauen arbeiteten surrealistisch. Mit Tinte, Bleistift und Gouache überlagerte sie in ihrem bildnerischem Werk so viele Porträts, dass der Betrachter nicht mehr erfassen kann, wie viele in einem Bild vorhanden sind. Markant sind immer wieder die Augen. Sie arbeitete dekonstruktiv, was sich auch in ihren Anagrammen niederschlug. Als sie in Paris lebte, konnte sie schriftstellerische Arbeiten zu häuslicher Gewalt, Abtreibung und sexuellem Missbrauch veröffentlichen. Ihr bekanntester stark autobiografisch konnotierter Text ist „Der Mann im Jasmin / Dunkler Frühling". Schon zu Lebzeiten war sie zur documenta berufen worden, was aber nicht verhindern konnte, dass sie immer wieder in depressive und schizophrene Phasen abrutschte. Sie sprang im Jahr 1970, als sie völlig klar im Kopf schien, in Paris aus dem Fenster.

dunkel

Ich stehe am geöffneten Fenster. Schaue hinunter. Wie viele Stockwerke? Jemand redet mit mir. Die Stimme sagt: ‚Spring'. Aber ich stehe wie angewurzelt auf dem Boden, ich will nicht in die Luft. Wieder die Stimme. Sie ist dunkel, dunkel wie der Frühling, dunkel wie der Mann im Jasmin. Ich hebe mein rechtes Knie. Der Fuß berührt jetzt das Fensterbrett. Ich spanne meine Oberschenkelmuskulatur an. Jetzt stehe ich auf dem Fenstersims. Wieder der Blick nach unten. Schwindelerregend. Die Stimme sagt: ‚Jetzt, tu es!' Ich halte mir die Ohren zu. Die Stimme wegdrücken, eliminieren, ausmerzen, auslöschen. Ich schaue nach oben. Blauer Himmel, ein paar Wolken. Gar nicht dunkel, aber der Frühling ist doch dunkel. Die Stimme sagt:, ‚Wir haben Herbst, jetzt, spring jetzt.' Ich nehme die Hände von meinen Ohren. Die Stimme klingt jetzt wie ein Orkan. Ich muss es tun. Und dann stoße ich mich mit meinen Füßen ab.

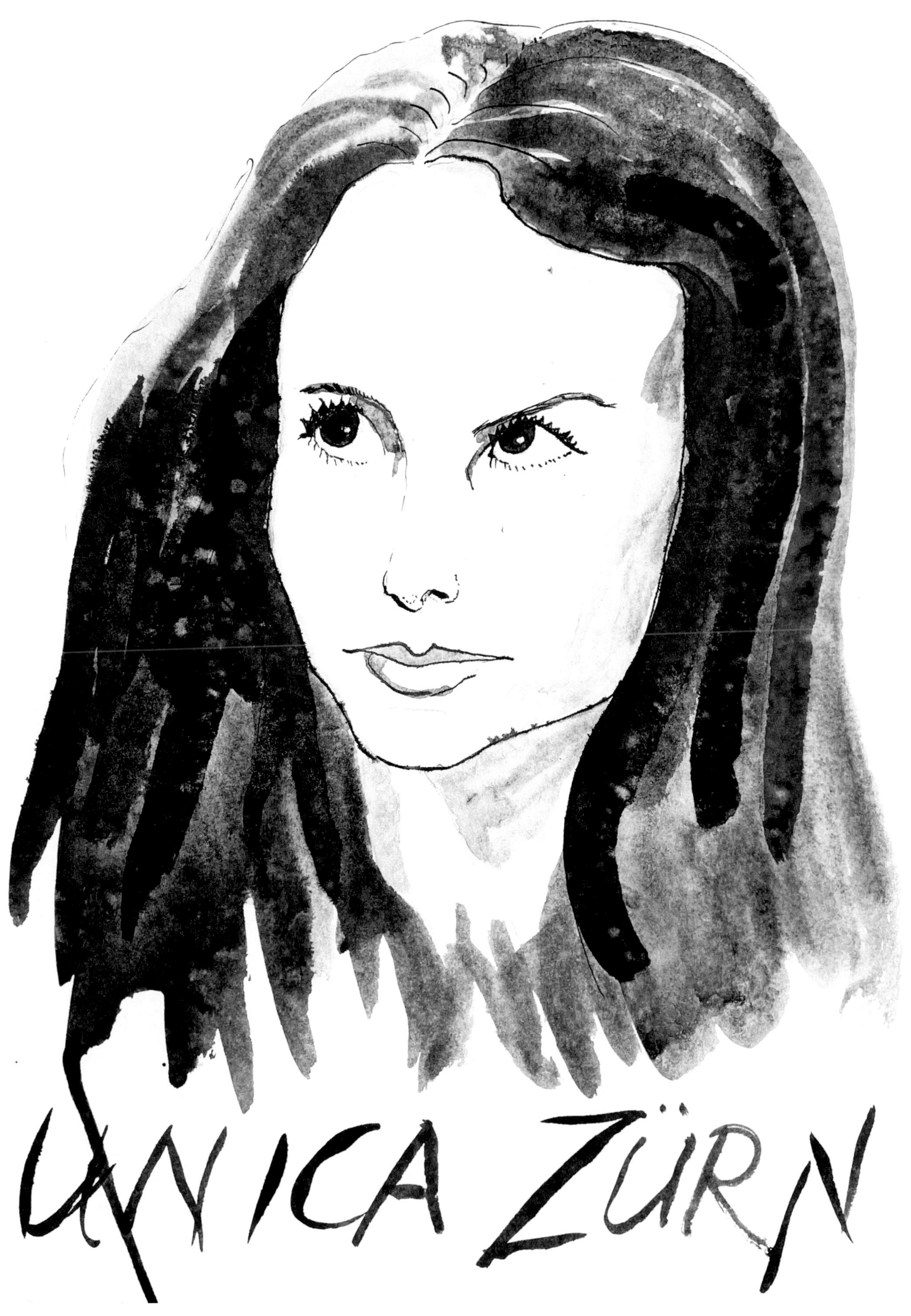

UNICA ZÜRN

WAHN-SINNS-FRAUEN* IN DER LITERATUR

Jenny Diski

* 8. Juli 1946 in London; † 28. April 2016, Cambridge

Jenny Diski hatte eine schwere Kindheit. Der Vater verließ die Familie früh, worauf die Mutter von J. D. einen Nervenzusammenbruch erlitt. J. D. wuchs in Pflegefamilien und Psychiatrien auf. Eine Weile lebte sie auch bei der Schriftstellerin Doris Lessing. Später nahm sie Drogen und feierte die freie Liebe, was jedoch auch zu Vergewaltigungen führte, denn die Männer nahmen ein ‹Nein› nicht hin. Trotz der schwierigen Umstände wurde sie Lehrerin. J. D. schrieb Belletristik und auch Sachartikel. Ihre Texte handeln von Sadomasochismus, Depressionen und Schizophrenie. In ihrem Buch *Skating to Antarctica* nimmt sie die Antarktis als Bild für das Weiß in den Psychiatrien und verarbeitet darin ihre grausame Kindheit. Sie starb an Lungenkrebs.

Esther's Traum

Esther, alleinerziehende Mutter von Katya, schlittert in eine Krise, da ihre Tochter mit großen Problemen ringt. Katya verweigert das Essen, denn so habe Gott es ihr aufgetragen, behauptet sie. Kurz nach der Einlieferung in die Psychiatrie flieht sie von dort und ist unauffindbar. Während Esther Angst um ihre Tochter hat, schläft sie, um sich zu beruhigen, mit einem Psychologen aus ihrem Bekanntenkreis, obwohl sie ihn nicht mag. In Träumen erscheint ihr ein Mädchen, das vor 600 Jahren gelebt hat. Das Mädchen bombardiert den Pfarrer mit Glaubensfragen und wird als Ketzerin verurteilt. Warum erscheint Esther dieser Traum? Verarbeitet sie da-durch ihre Angst um Katya? In diesem Text gibt es keine Antwort auf Fragen. Wie sollten diese Antworten auch ausfallen, ist doch unsere Realität von Irrationalem und Grausamkeiten durchdrungen.

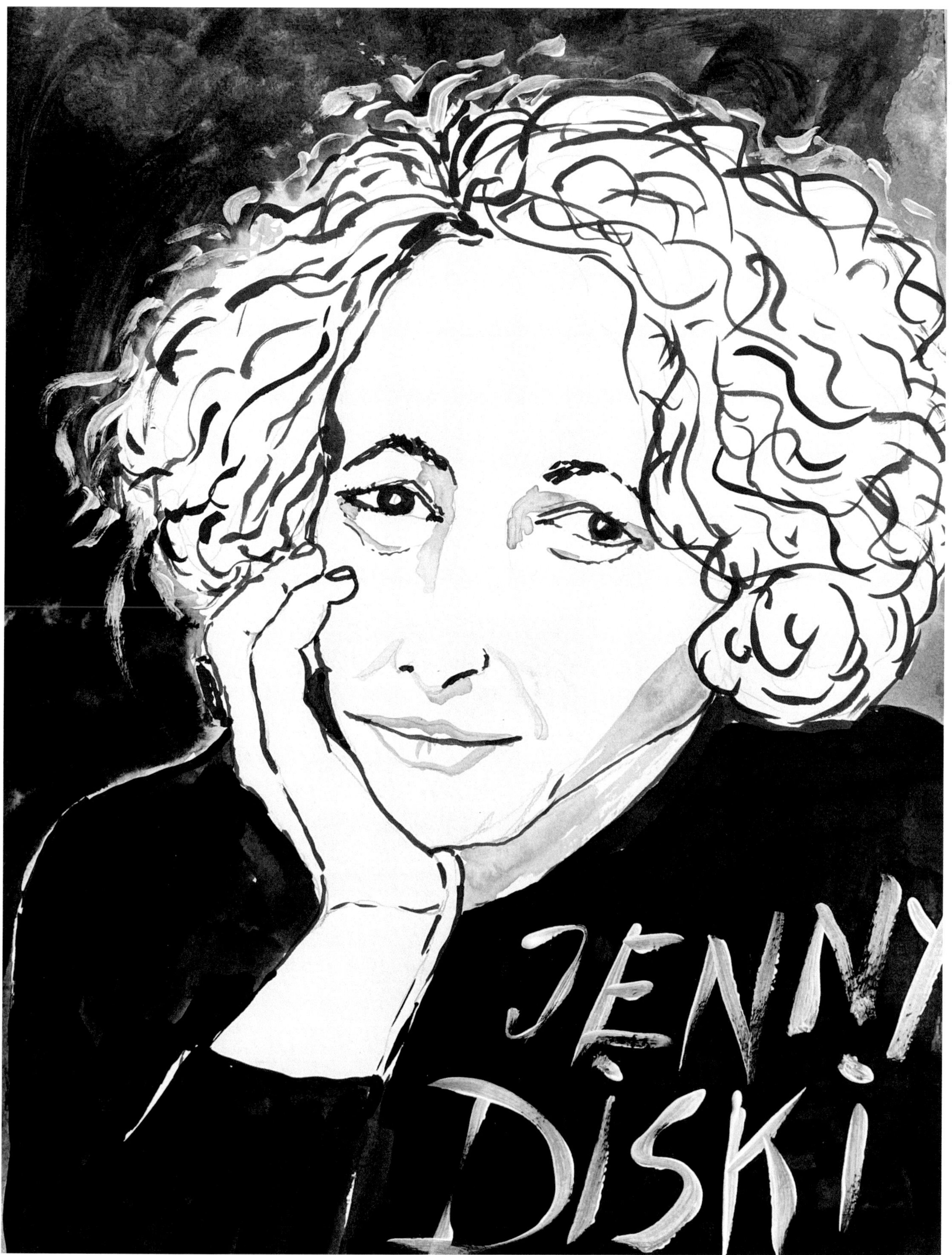

JENNY
DISKI

Marguerite Duras

* 4. April 1914 bei Saigon, Vietnam, † 3. März 1996 in Paris

Marguerite Duras war Schriftstellerin, Dramatikerin und Filmregisseurin. Bekannt wurde sie mit dem Roman *Heiße Küste*. Sie verbrachte eine schwere Kindheit in Vietnam. Die Familie wanderte später nach Paris aus, wo sie Rechtswissenschaften und Politik studierte. Ihr erster Mann wurde im Zweiten Weltkrieg nach Dachau deportiert. Das Paar hatte sich für die Résistance engagiert. Die Sprache von M. D. ist karg und fragmentisiert. Ihr Werk ist keiner literarischen Strömung zuzuordnen. Sie war Alkoholikerin, was sie nicht verschwieg.

Die Verzückung der Lol V. Stein

Der Text hat etwas Vages, Unterschwelliges und Subtiles. Der Leser ist gezwungen, zwischen den Zeilen zu lesen. M. D. schürzt einen Knoten, der nicht auflösbar zu sein scheint. Die Protagonistin Lol V. Stein wird zu Anfang des Romans von ihrem Verlobten verlassen. Daraufhin grenzt sie sich von allen Menschen ab, auch von dem Mann, der sie später heiratet. Sie versucht, eine Fassade aufrechtzuerhalten, was nicht immer gelingt, denn ihr Umkreis hält sie für verrückt. Jacques Lacan schrieb über Die Verzückung der Lol V. Stein: »Verzückend ist auch das Bild, das uns durch die Figur einer Verwundeten aufgezwungen wird, einer aus den Dingen Verbannten – die man nicht zu berühren wagt, die einen jedoch zu ihrer Beute macht.«

Zitat von Marguerite Duras:

»Der Wahnsinn selbst ist auf ewig offen für den Verlauf des Wahnsinns. … Das Nichts ist sich selbst gegenüber offen. … Ich glaube, das Offene schafft sich selbst gegenüber einen religiösen Raum. Ich habe an dem Horror teil, aus dem das Ganze besteht, aber ich spüre es nicht. Das könnte eine Definition der Arbeiterklasse sein. Die Fabrik ist eine Art Luftschiff, wo innerhalb und außerhalb das gleiche Luftmaterial ist, mit einem winzigen Unterschied jedoch. Dieser Unterschied ist die Unendlichkeit des Menschen, der neun Stunden am Tag Kabel herstellt, ohne es zu spüren. … Wie das Gedicht kommt dieser Gedanke aus dem Grund der Zeiten, aus einer Art fundamentaler Wiederholung, derjenigen des Lebens, aus einer Art ozeanischer Ewigkeit, die jene des Todes wäre, verneint und erfaßt durch die Zeit.“

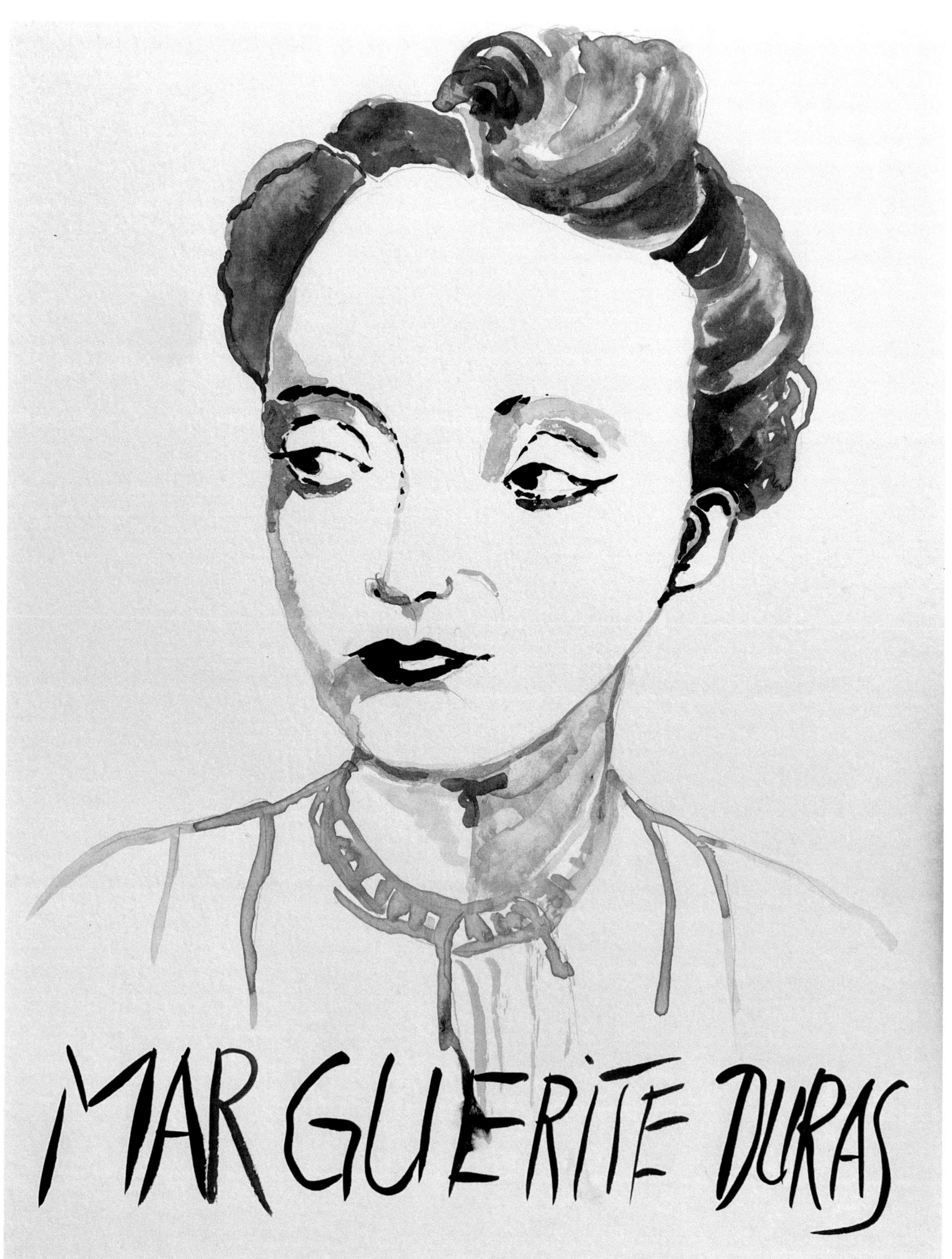
MARGUERITE DURAS

Marlen Haushofer

* 11. April 1920 in Frauenstein,Oberösterreich; † 21. März 1970 in Wien

Marlen Haushofer hatte nicht wie Virginia Woolf ein Zimmer für sich alleine. Sie schrieb am Küchentisch ihre mit schlichten, scheinbar harmlosen Worten und Sätzen auskommenden abgründigen Geschichten und Romane. Die Texte greifen die schwere Zeit nach dem Zweiten Weltkrieg auf.

Man muss bei Marlen Haushofers Werk, in dem sie ihr mühsames Dasein als Hausfrau und Mutter in den Bergen Österreichs verarbeitete, zwischen den Zeilen lesen können.

Sie brachte einen unehelichen Sohn in ihre Ehe mit einem Zahnarzt mit. Ein weiterer Sohn entstand in der Ehe.

Sie ließ sich von dem Mann scheiden, heiratete ihn dann aber erneut, kam nicht los von ihm, obwohl sie unglücklich mit ihm war und immer wieder an Depressionen litt. Sie starb früh an Knochenkrebs.

Nachdem sie lange in Vergessenheit geraten war, hat die Frauenliteraturforschung sie mittlerweile wieder ausgegraben. So hatte sie früh Simone de Beauvoirs' *Das andere Geschlecht* gelesen.

Der Roman *Die Wand*

Dieser Roman wurde in der Corona-Zeit neu diskutiert, handelt er doch von einer Frau, die durch eine undurchdringliche Wand von der Welt abgeschnitten ist. Die Protagonistin hat nur die Natur um sich, einen Hund, ein paar Katzen, eine Kuh und deren Kalb. In der Abgeschiedenheit eines Jagdhauses lernt sie, alleine mit der Natur klarzukommen, bis ein Mann in ihre Welt eindringt. Haushofer beschreibt eine Apokalypse, die auch feministische Züge trägt, versucht hier doch eine Frau, alleine zu überleben. Interpretationsmöglichkeiten zu diesem Roman gibt es zuhauf. Vielleicht trägt er auch autobiographische Züge, denn es ist von einer schweren Last die Rede, wahrscheinlich die beengende Zange des Patriarchats. Sie selbst sagte einmal über den Roman: »Jene Wand, die ich meine, ist eigentlich ein seelischer Zustand, der nach außen plötzlich sichtbar wird.« Sie sagte auch: »Eine einmal aufgerichtete Wand muß gar nicht immer als negativ angesehen werden.« Der Roman wurde 2012 mit Martina Gedeck verfilmt.

Meine Meinung

Ich frage mich, warum sie dieses Gefängnis des Patriarchats, diesen Kerker Ehe nie richtig verlassen hat. Sie hätte die Dämonen auch hinter sich lassen können. Aber man kann nicht hinter die Kulissen blicken. Wahrscheinlich war es eher das Materielle, das Auskommen, das einen Schritt in die Freiheit verhinderte.

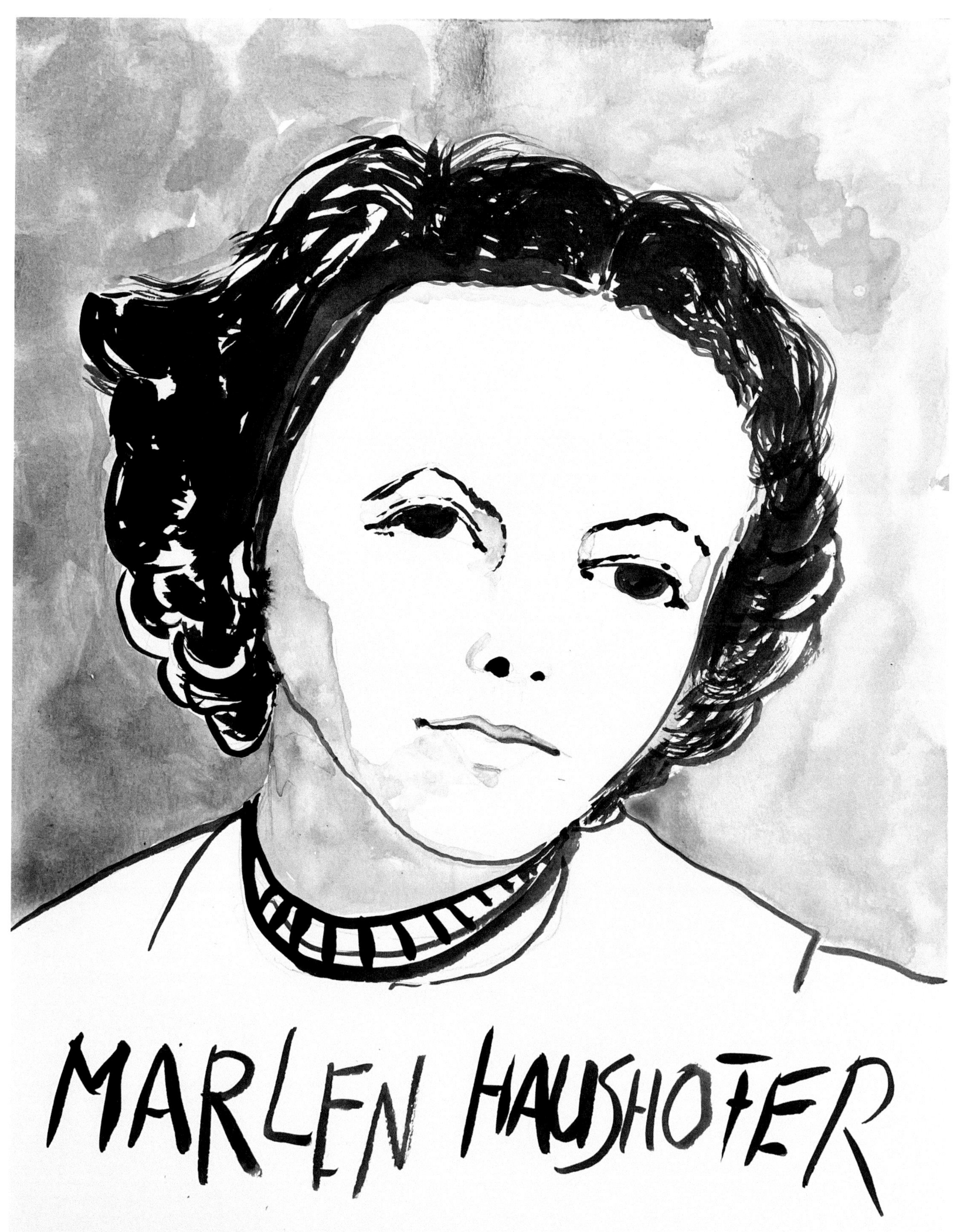

MARLEN HAUSHOFER

Elfriede Jelinek

* 20. Oktober 1946 in Mürzzuschlag, Steiermark

Elfriede Jelinek ist Schriftstellerin, Dramatikerin, Essayistin, Lyrikerin, Übersetzerin, Drehbuchautorin, Hörspielverfasserin und Komponistin. 2004 erhielt sie den Nobelpreis für Literatur. Die Jury begründete ihre Entscheidung damit, dass E. J. in einem musikalischen Fluss mit Stimmen und Gegenstimmen schreibe. Sie greife die Absurdität des Lebens auf und lege Klischees offen.

Ihr Werk gliedert sich in drei Phasen. In der ersten Phase übt sie Kritik am Kapitalismus. In der zweiten Phase setzt sie sich kritisch mit dem Patriarchat auseinander. In der dritten Phase torpediert sie den Antisemitismus in Deutschland und Österreich.

Ihre Schreibe ist fast immer sarkastisch, vulgär und höhnisch, sie gerät immer wieder in die Versuchung zu provozieren. Blasphemisch wird sie vielleicht deshalb, weil sie von ihrer Mutter in eine Klosterschule geschickt wurde. Sie sagt über ihre Schulerziehung: »In die Schule gehen ist wie in den Tod gehen.« Ursprünglich wollte die Mutter mit Zwangsmethoden eine Musikerin aus ihr machen. Sie verbrachte einen Teil ihrer Kindheit in der Kinderpsychiatrie und erlitt nach dem Abitur einen psychischen Zusammenbruch wegen Angstzuständen, woraufhin sie das Studium in Kunstgeschichte und Theaterwissenschaft in Wien abbrechen musste.

Die Klavierspielerin

Die Klavierspielerin ist für mich das zugänglichste Werk von Elfriede Jelinek. Ich fand den Text so quälend, dass ich ihn zu Ende lesen musste. Er ist abgründig, widerwärtig und masochistisch. Die Protagonistin Erika Kohut lebt zusammen mit ihrer Mutter, die sie ständig kontrolliert, in einer Wohnung. Erika ist schon 30 Jahre alt, muss aber trotzdem das Bett mit ihrer Mutter teilen. Die Mutter strebte für Erika eine Karriere als Pianistin an und unterwarf sie einem entsprechenden harten Drill, doch Erika hat es nur zur Musiklehrerin am Konservatorium geschafft. Aus dieser Konstellation heraus entwickelt Erika masochistische Züge, indem sie sich selbst verstümmelt und als Voyeurin in billigen Pornokinos verweilt. Am Ende des Romans rammt sie sich ein Messer in die Schulter.

Zitate von Jelinek

»Als Frau machst du dann auch noch die Erfahrung, daß Intellekt den erotischen Wert einer Frau schmälert. Das schmerzt.«

»Es ist ausschließlich die Frauenforschung, die sich mit meiner Arbeit beschäftigt. … Die einzigen, die mich und meine Arbeit ernstnehmen, sind weibliche Dissertanten.«

»Ständig wird gesagt, der Feminismus sei überflüssig, weil die Frauen ja schon alles erreicht hätten, dabei braucht man sich nur anzuschauen, wieviel Prozent des Vermögens der Welt in weiblicher Hand ist. Nämlich genau 1 Prozent. Das ist ein Witz. Und dann muß man sich auch noch dafür rechtfertigen, daß man eine Emanze ist. Als ob man überhaupt etwas anderes sein könnte!«

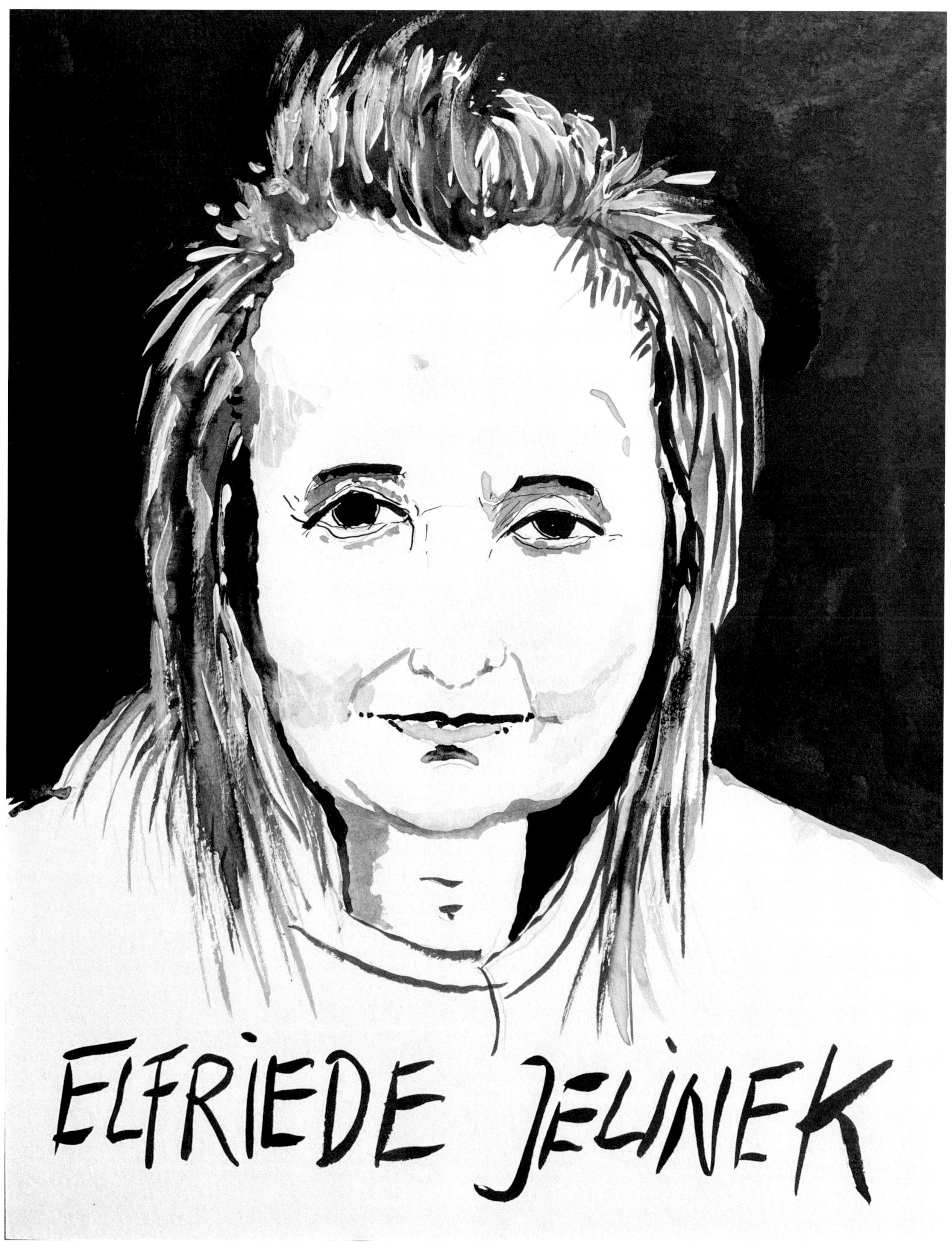
ELFRIEDE JELINEK

Sarah Kane

* 3. Februar 1971 in Brentwood, Essex; † 20. Februar 1999 in London

Sarah Kane war eine Bühnenautorin, die mit ihren Stücken in England eine Zäsur herbeiführte. Sie hat nur fünf Stücke geschrieben – mit den apokalyptischen Namen *ZERBOMBT, PHAIDRAS LIEBE, GESÄUBERT, GIER, 4.48 PSYCHOSE*. Dennoch schimmert in ihren Bühnenstücken Humor durch. Das erste Stück *ZERBOMBT* rief einen Skandal hervor, da Sarah Kane hier brutal mit viel Gewalt und Blut (Kannibalismus, Mord, Vergewaltigung und Verstümmelung) an den Krieg in Bosnien erinnerte. Von der Boulevard-Presse wurde sie »schamlose Dreckschleuder« genannt, aber sie wurde mit dem Stück schlagartig berühmt. Man weiß wenig Privates über Sarah Kane. Sie schrieb keine Tagebücher, aber ihr letztes Stück *4.48 PSYCHOSE*, das sie kurz vor ihrem Tod schrieb, betrachten manche als Spiegel ihrer Seele. Manche Kritiker meinten, sie habe zu viel Persönliches hineingelegt. Angesichts ihrer streng katholischen Erziehung mag die brachiale, wie einem Horrorszenario entsprungene Endzeit-Gewalt in ihren Stücken befremdlich erscheinen, doch sie hatte einen Grund dafür, nannte ihre erste Gewalterfahrung »die Bibel«.

Sarah Kanes Selbstmord

Nach einer gescheiterten Liebesbeziehung stürzte S. K. in eine Depression, war deshalb in den letzten 18 Monaten ihres Lebens immer wieder in psychiatrischer Behandlung, bis sie schließlich eine Überdosis Schlaftabletten nahm. Sie kam in eine Klinik, wurde gerettet, aber sie wollte nicht mehr leben und erhängte sich im Alter von 28 Jahren noch im Krankenhaus.

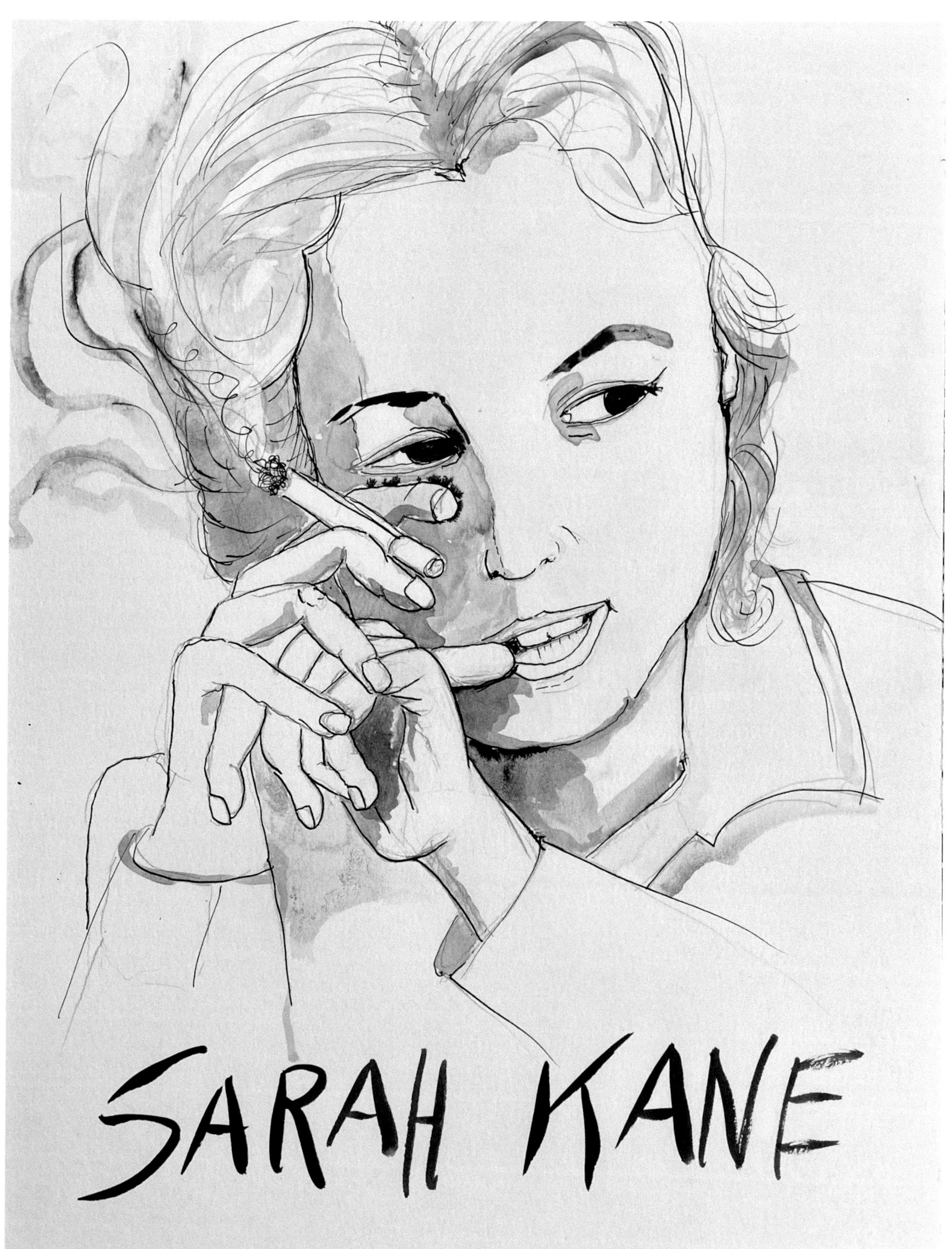

SARAH KANE

Friederike Mayröcker

* 20. Dezember 1924 in Wien; † 4. Juni 2021 in Wien

Friederike Mayröcker lebte mit Ernst Jandl, den sie am Beginn ihrer Karriere in der Wiener Gruppe kennenlernte, zusammen. Vorzugsweise arbeitete sie in der Gattung Lyrik, wobei ihre Schriften der Autofiktion
zugeordnet werden. Inge Arteel schreibt über Mayröckers Dichtung: »Das Werk ist nicht autobiographisch,
es gibt aber kein Leben außerhalb des Werks, das Leben ist somit das Werk.« F. M.s Arbeiten lassen sich auf
der Verstandesebene nicht erfassen, denn sie verarbeitete in ihren Gedichten und Prosawerken ihre Träume,
gleichzeitig setzte sie sich auch mit großen Themen wie Weltangst, Verlust, Liebe und Alter auseinander. Auf
Fotos kann man im Netz einen Blick auf sie werfen, wie sie in ihrem Schreibzimmer sitzt, das sie vollgestopft
mit tausenden von Büchern und Zetteln zu erdrücken scheint, aber vielleicht könnte man es auch kreatives
Chaos nennen. Sie ging bis an die Grenze des Wahn-Sinns.

Zitate von Friederike Mayröcker

«Seit ich bewusst denke und fühle, habe ich das Gefühl, dass ich schreiben muss. Ich habe schon als kleines
Kind, damals in der Sommeridylle in Deinzendorf – da war ich sechs oder sieben – da habe ich schon das weh-
mütige Gefühl gehabt, ich möchte irgendetwas ausdrücken, von dem ich noch nicht gewusst habe, was es ist.
Es begleitet mich also seit der Kindheit eine Art Besessenheit zu schreiben.«

»Ich lebe in Bildern. Ich sehe alles in Bildern, meine ganze Vergangenheit, Erinnerungen sind Bilder. Ich ma-
che die Bilder zu Sprache, indem ich ganz hineinsteige in das Bild. Ich steige so lange hinein, bis es Sprache
wird.«

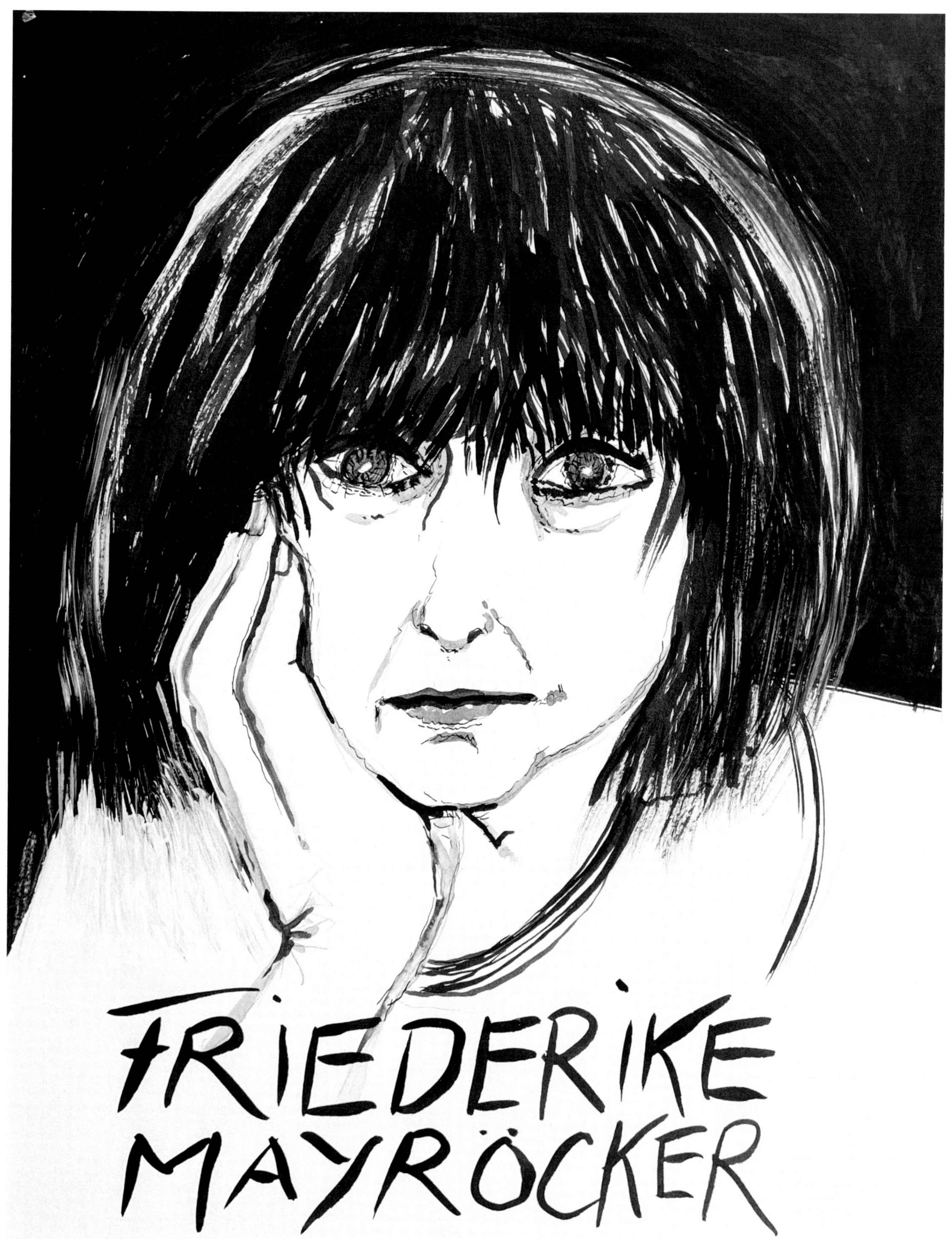

FRIEDERIKE
MAYRÖCKER

Sylvia Plath

* 27. Oktober 1932 in Jamaica Plain bei Boston, Massachusetts; † 11. Februar 1963 in Primrose Hill, London

Sylvia Plath war Lyrikerin und Schriftstellerin, wobei sie eher für ihre Lyrik, vornehmlich durch das Buch Ariel bekannt wurde. Ihr Werk gewann erst nach ihrem Selbstmord an Bedeutung. Meiner Meinung nach wurde die Autorin von der feministischen Bewegung wegen ihres frühen Suizids regelrecht ausgeschlachtet. Bei Besprechungen lag der Fokus weniger auf ihrem Werk als auf ihrem beschwerlichen Lebensweg mit Depressionen und Psychiatrieaufenthalt. Ihr Ehemann, der Dichter Ted Hughes, mit dem sie zwei Kinder hatte und der erfolgreicher als sie war, betrog sie, so dass Sylvia Plath ihn herauswarf und mit ihren beiden Kindern alleine dastand. Kurz vor ihrem Selbstmord verfasste sie ihre besten Gedichte. Sylvia Plath setzte ihrem Leben ein Ende, indem sie sich im Backofen vergaste. Ihr Exmann Ted Hughes fälschte später ihre Schriften, um als unschuldig dazustehen. Auch die Mutter von S. P. konnte ihr nicht helfen, denn S. P. schrieb ihr ständig Briefe, dass alles in Ordnung sei.

Die Glasglocke

Sylvia Plath hat der Nachwelt nur diesen einen Roman hinterlassen. Die Ich-Erzählerin Esther bekommt nach ihrem erfolgreich absolvierten Studium eine Hospitanz bei einem bekannten New Yorker Modemagazin. Was anfangs so schön und schillernd klingt, verwandelt sich im Laufe des Texts in eine Abwärtsspirale. Esther ist diesem Berufsleben nicht gewachsen. Düster verwendet Sylvia Plath Sätze wie: »Ich spürte die Dunkelheit, aber sonst nichts, und mein Kopf hob sich wie der Kopf eines Wurms.« Oder: »Ein Meißel machte sich über mein Auge her, und ein Lichtschlitz öffnete sich wie ein Mund oder eine Wunde, bis die Dunkelheit ihn wieder zurückdrückte.« Sylvia Plath nimmt ähnlich wie Unica Zürn ihren eigenen Selbstmord in ihren Schriften vorweg.

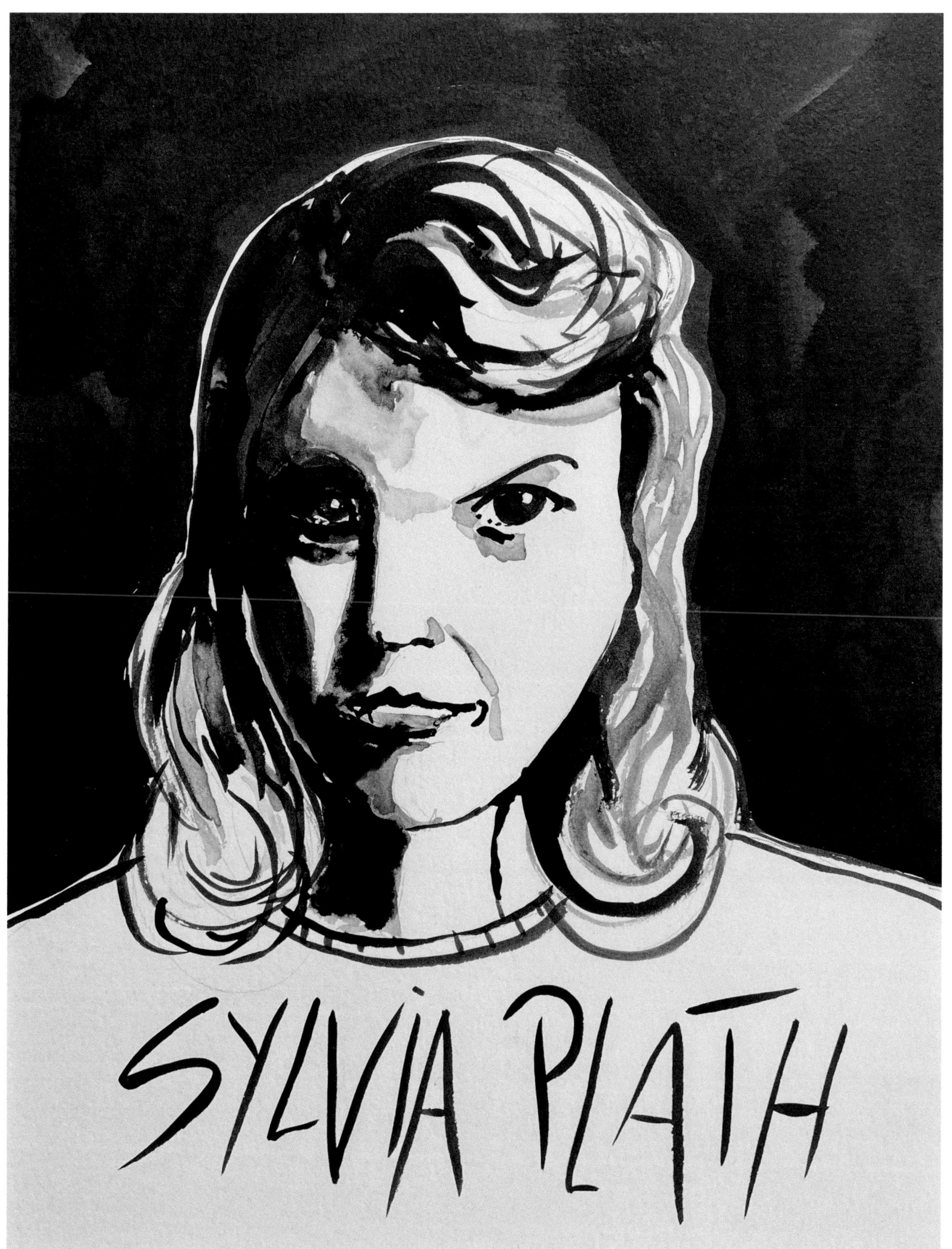
SYLVIA PLATH

Virginia Woolf

* 25. Januar 1882 in London; † 28. März 1941 bei Rodmell nahe Lewes, Sussex

Virginia Woolf stammte aus einem wohlhabendem Elternhaus, wurde jedoch in der Kindheit von ihren älteren Halbbrüdern sexuell missbraucht. Ab dem Alter von 23 Jahren bewegte sie sich in den Kreisen der Bloomsbury Group, welcher verschiedene Künstler:innen und Schriftsteller:innen angehörten. Dort lernte sie ihren späteren Ehemann Leonard Woolf kennen. V. W. erklärte ihm von Anfang an, dass sie nicht sexuell an ihm interessiert sei. Es ist unklar, ob V. W. lesbisch oder frigide war. Auch ihre psychische Krankheit aufgrund des sexuellen Missbrauchs in der Kindheit ist nicht geklärt. Im Jahr 1912 fand die Hochzeit statt, und es erschien V. W.s erster Roman Die Fahrt hinaus, der als autobiographisch gilt. Am Ende des Romans stirbt die zart besaitete Protagonistin. Ein Jahr später gründete das Ehepaar einen eigenen Verlag, die Hogarth-Press. V. W. war eine Wegbereiterin, was das Schreiben angeht, denn sie schrieb als eine der ersten, neben James Joyce und Marcel Proust, im Stil des Bewusstseinsstrom. Ihr Essay *Ein Zimmer für sich allein* (1923) wurde später von der Frauenbewegung ausgegraben, was posthum zu ihrer heutigen Bekanntheit führte. Als im Zweiten Weltkrieg die ersten deutschen Bomber den britischen Luftraum überfielen, war sie anscheinend kurz vor dem Wahnsinn. Um sich in der Realität zu halten, schrubbte sie im Haus die Böden. Kurz darauf schrieb sie ihrem Ehemann einen Abschiedsbrief und ging mit Steinen beschwert in die Ouse.

Orlando

Der Roman ist heute aktueller denn je, denn er kratzt an dem Verständnis der Geschlechterrollen von Mann und Frau. Die anfangs männliche Hauptperson Orlando verwandelt sich im Lauf des Textes in eine Frau. V. W. schrieb das Buch für Vita Sackville-West, mit der sie anscheinend zu jener Zeit eine lesbische Beziehung führte. Meiner Meinung ist Orlando das am einfachsten zugängliche Buch, das die Schriftstellerin verfasst hat. Sie sagte sogar selbst, sie habe niemals schneller ein Buch geschrieben und es sei fast wie Schreiburlaub gewesen.

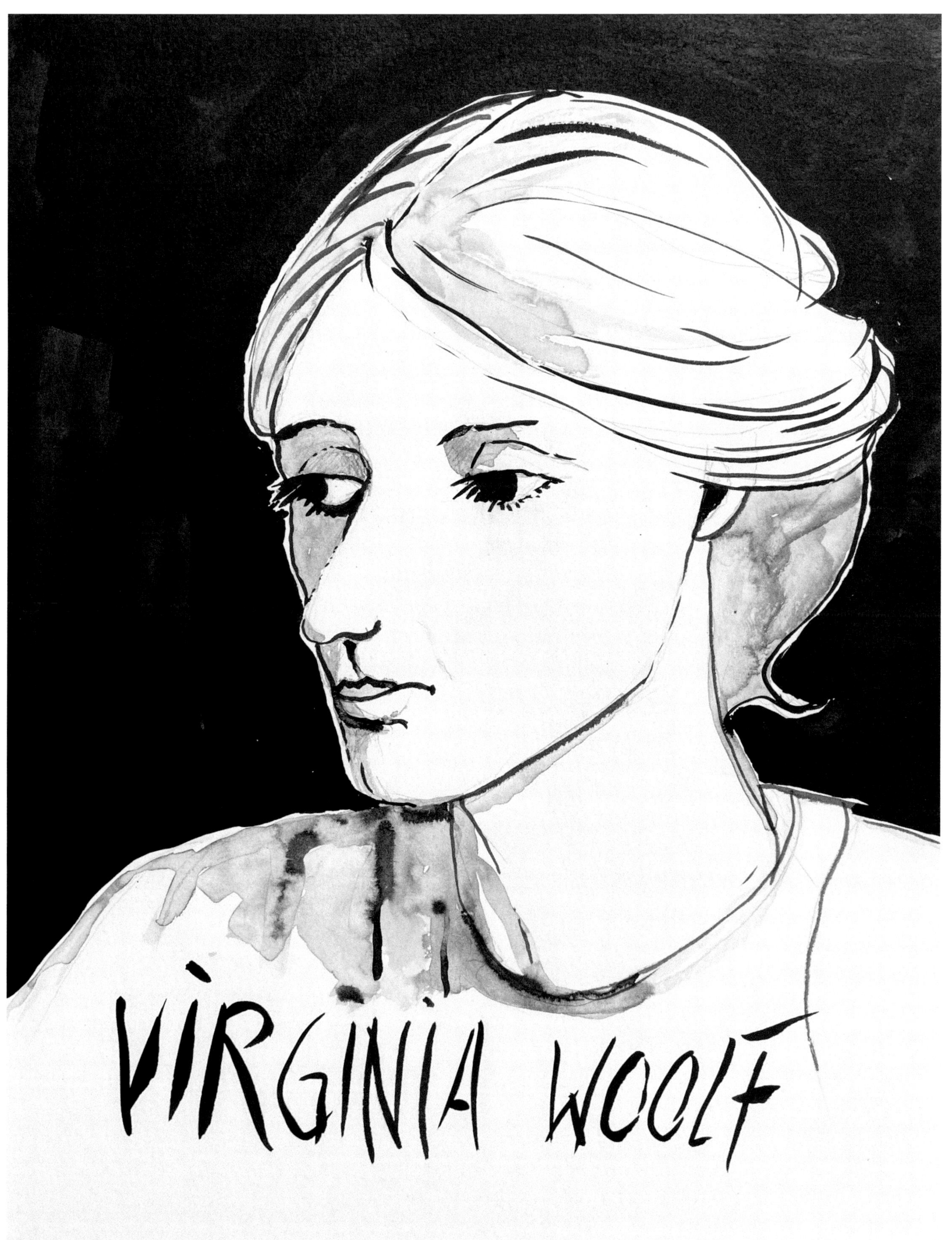

VIRGINIA WOOLF

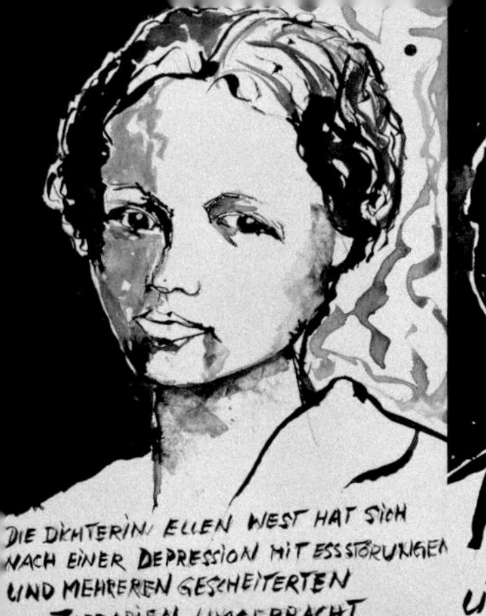

DIE DICHTERIN, ELLEN WEST HAT SICH
NACH EINER DEPRESSION MIT ESSSTÖRUNGEN
UND MEHREREN GESCHEITERTEN
THERAPIEN UMGEBRACHT

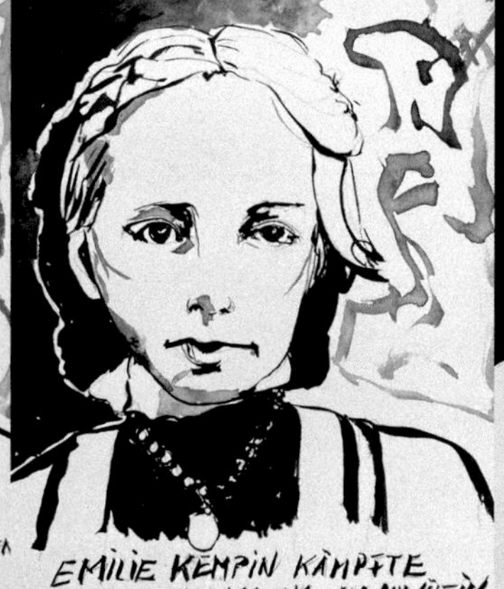

EMILIE KEMPIN KÄMPFTE
UM IHRE ZULASSUNG ALS ANWÄLTIN
WURDE ABER IN DIE PSYCHIATRIE ABGESCHOBEN

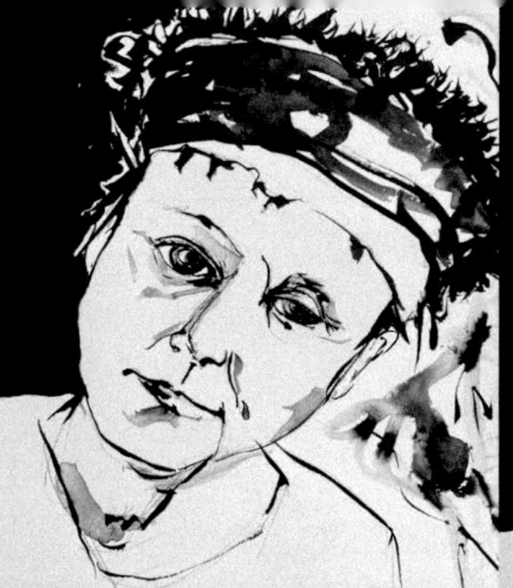

AGLAJA VETERANYI
HAT SICH IM ZÜRICHER SEE
ERTRÄNKT

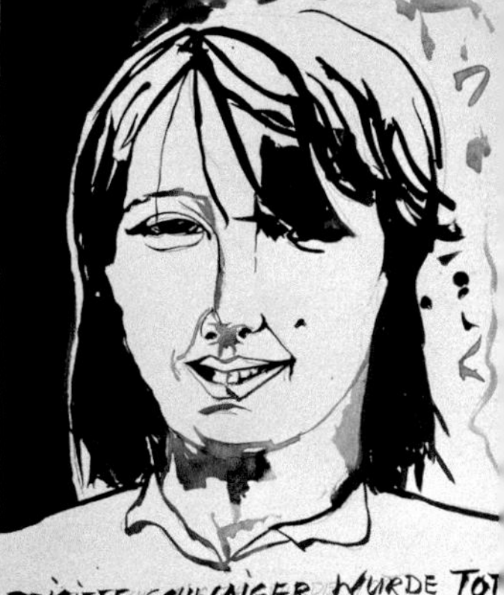

BRIGITTE SCHWAIGER WURDE TOT
IN EINEM SEITENARM DER DONAU
IN WIEN GEFUNDEN

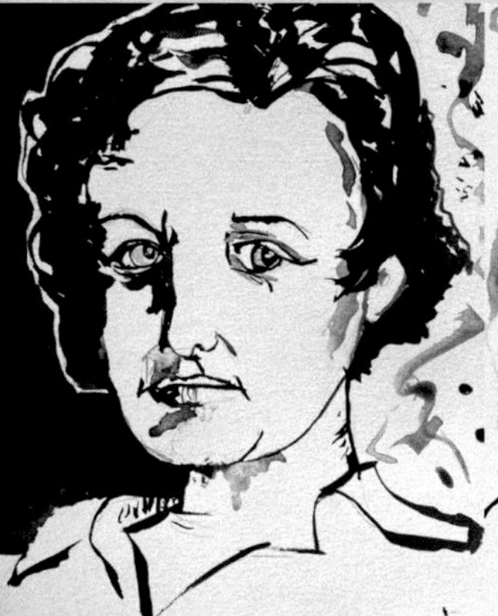

ANNE SEXTON HAT SICH
MIT KOHLENMONOXID VERGIFTET

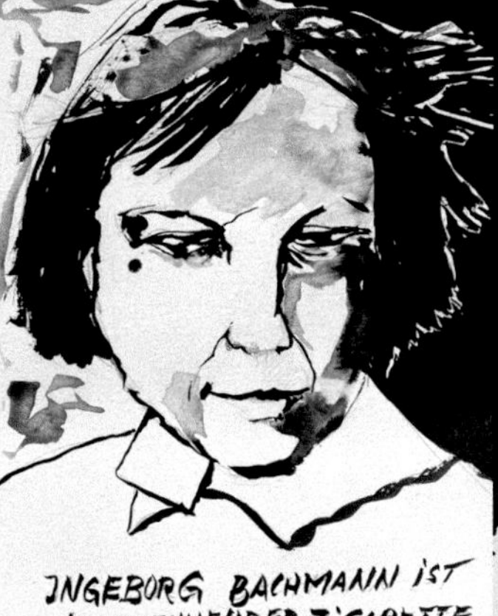

INGEBORG BACHMANN IST
MIT BRENNENDER ZIGARETTE
IM BETT EINGESCHLAFEN

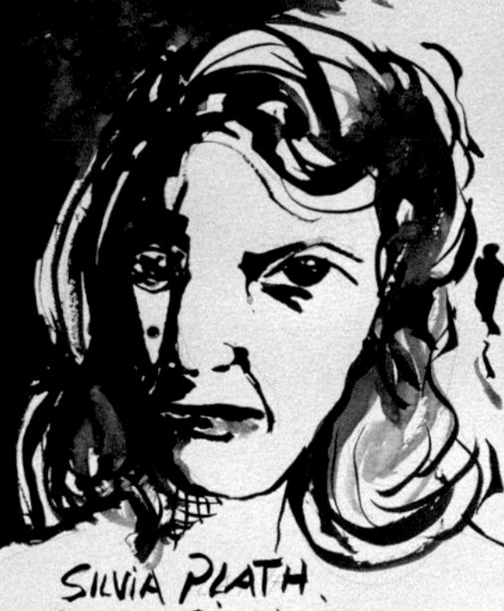

SILVIA PLATH
HAT SICH IM
BACKOFEN VERGAST

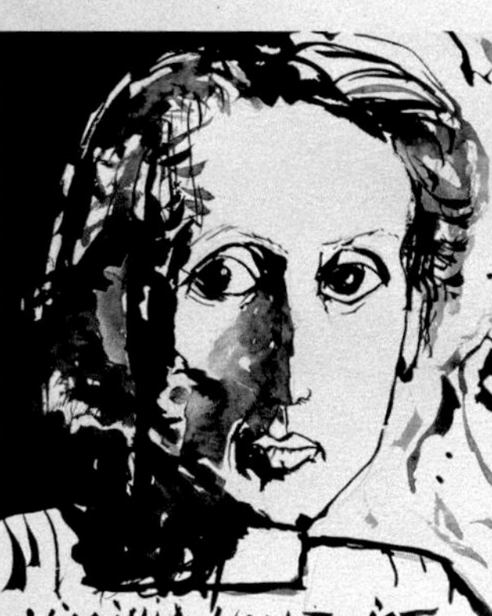

VIRGINIA WOOLF IST
MIT STEINEN BESCHWERT
IN DEN FLUSS GEGANGEN

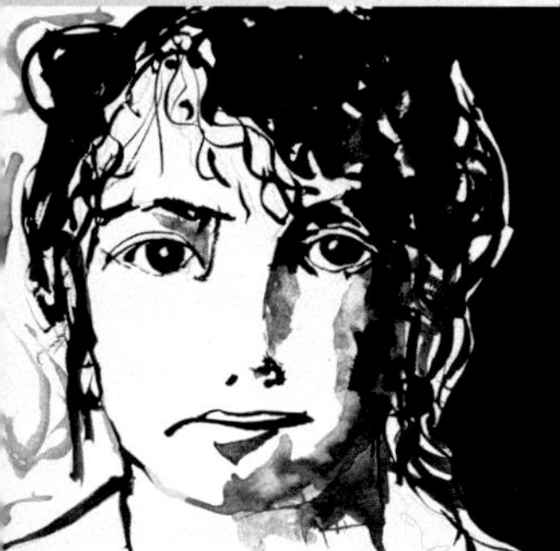

CAMILLE CLAUDEL STARB
VERGESSEN IN DER PSYCHIATRIE
AN EINEM SCHLAGANFALL
DURCH UNTERERNÄHRUNG

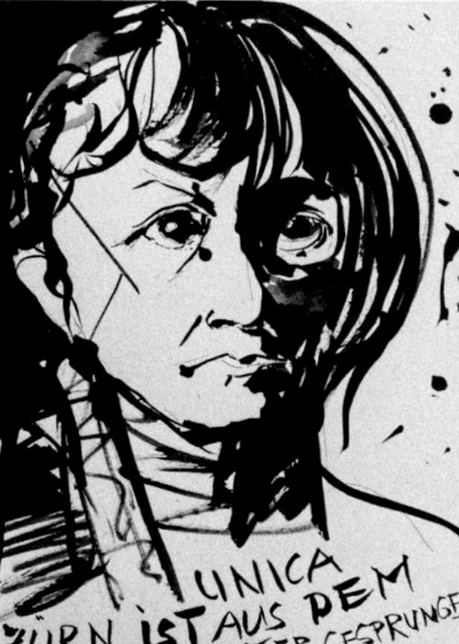

UNICA ZÜRN IST AUS DEM
FENSTER GESPRUNGEN

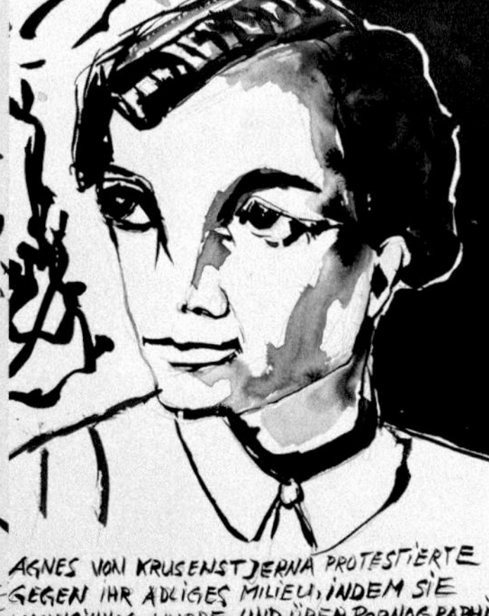

AGNES VON KRUSENSTJERNA PROTESTIERTE
GEGEN IHR ADLIGES MILIEU, INDEM SIE
WAHNSINNIG WURDE UND ÜBER PORNOGRAPHIE
UND KÜNSTLERISCHE FREIHEIT SCHRIEB

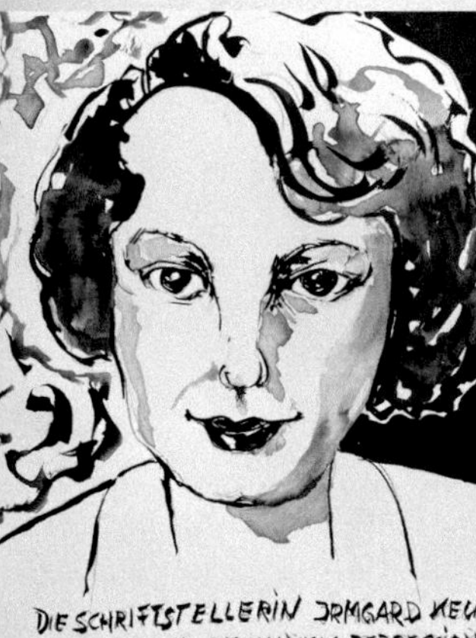

DIE SCHRIFTSTELLERIN IRMGARD KEUN
LEBTE WEGEN ALKOHOLISMUS, DEPRESSIONEN
UND EINEM NERVENLEIDEN
SECHS JAHRE IN DER PSYCHIATRIE

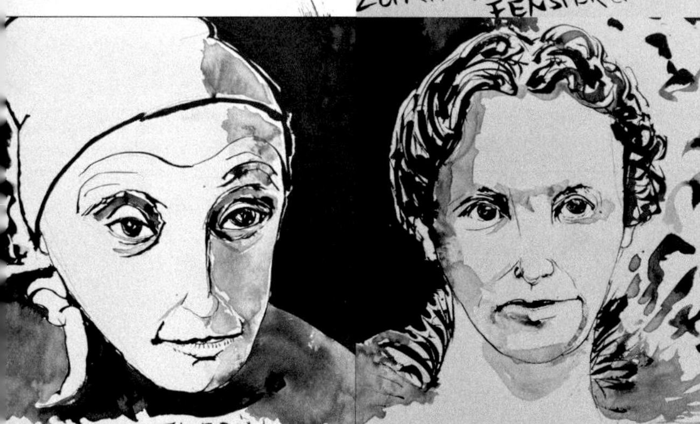

DIE SCHRIFTSTELLERIN
CHRISTINE LAVANT WAR MEHRMALS
WEGEN SCHWERER DEPRESSIONEN
IN EINER NERVENHEILANSTALT

SABINE SPIELREIN WURDE MIT DER DIAGNOSE
HYSTERIE IN DIE PSYCHIATRIE EINGEWIESEN
DARAUFHIN WURDE SIE PSYCHOANALYTIKERIN.
SPÄTER WURDE SIE, DA SIE JÜDIN WAR, VON EINEM
TEILKOMMANDO DER EINSATZGRUPPED IN ROSTON
ERSCHOSSEN

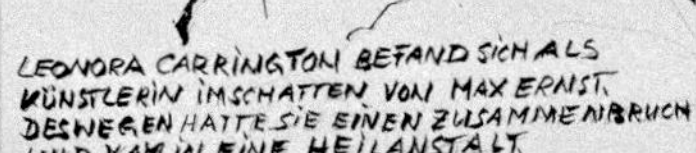

LEONORA CARRINGTON BEFAND SICH ALS
KÜNSTLERIN IM SCHATTEN VON MAX ERNST.
DESWEGEN HATTE SIE EINEN ZUSAMMENBRUCH
UND KAM IN EINE HEILANSTALT

EIN GEDICHT VON ELSE LASKER SCHÜLER
WURDE 1910 IN DER RHEINISCH-
WESTFÄLISCHEN ZEITUNG ALS "VÖLLIGE
GEHIRNERWEICHUNG" BEZEICHNET

GENIE

IRRSINN

RUHM

DIE

FRAUEN

BRIGITTE SCHWAIGER
AUTORIN

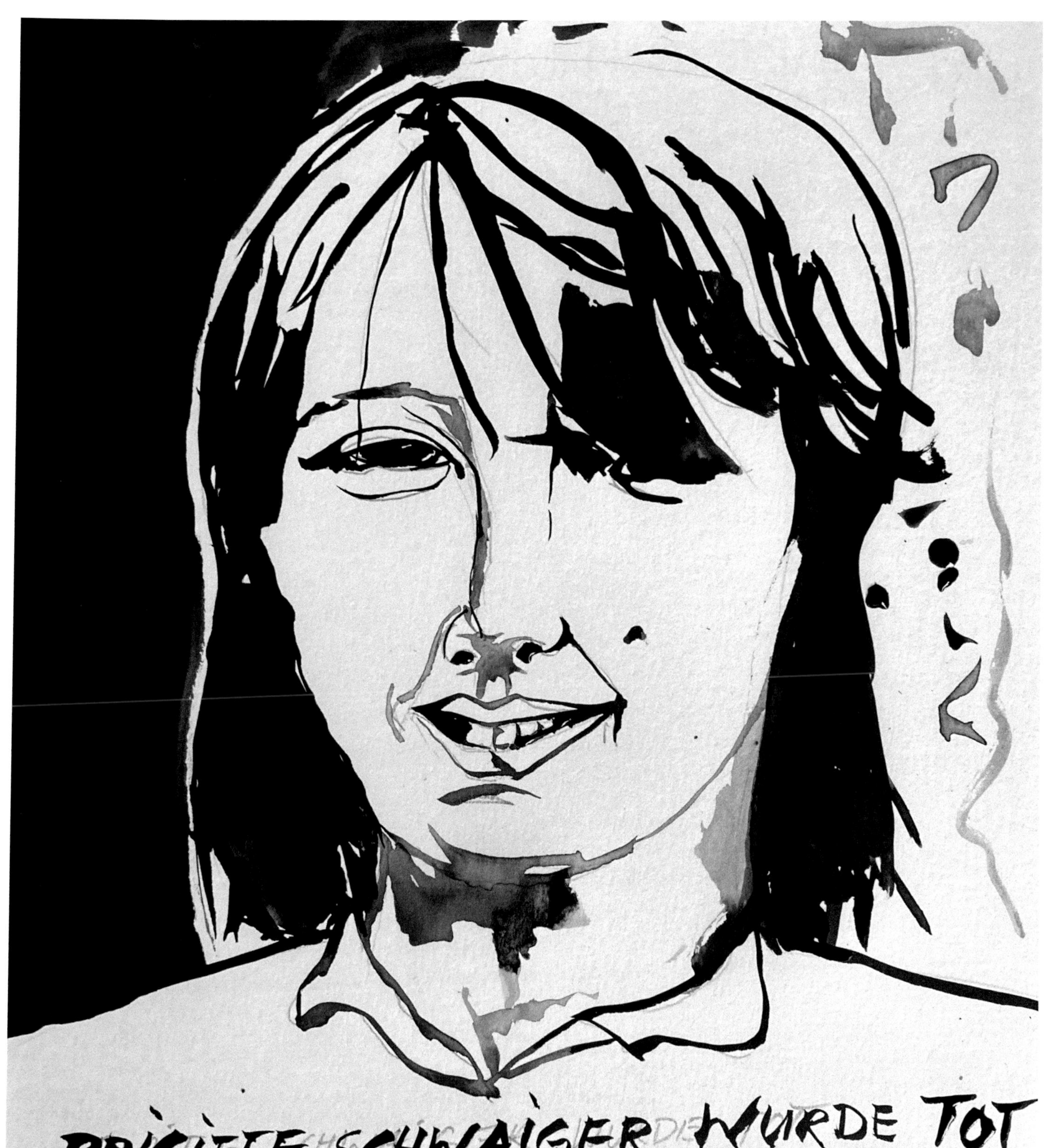

BRIGITTE SCHWAIGER WURDE TOT
IN EINEM SEITENARM DER DONAU
IN WIEN GEFUNDEN

INGEBORG BACHMANN
AUTORIN

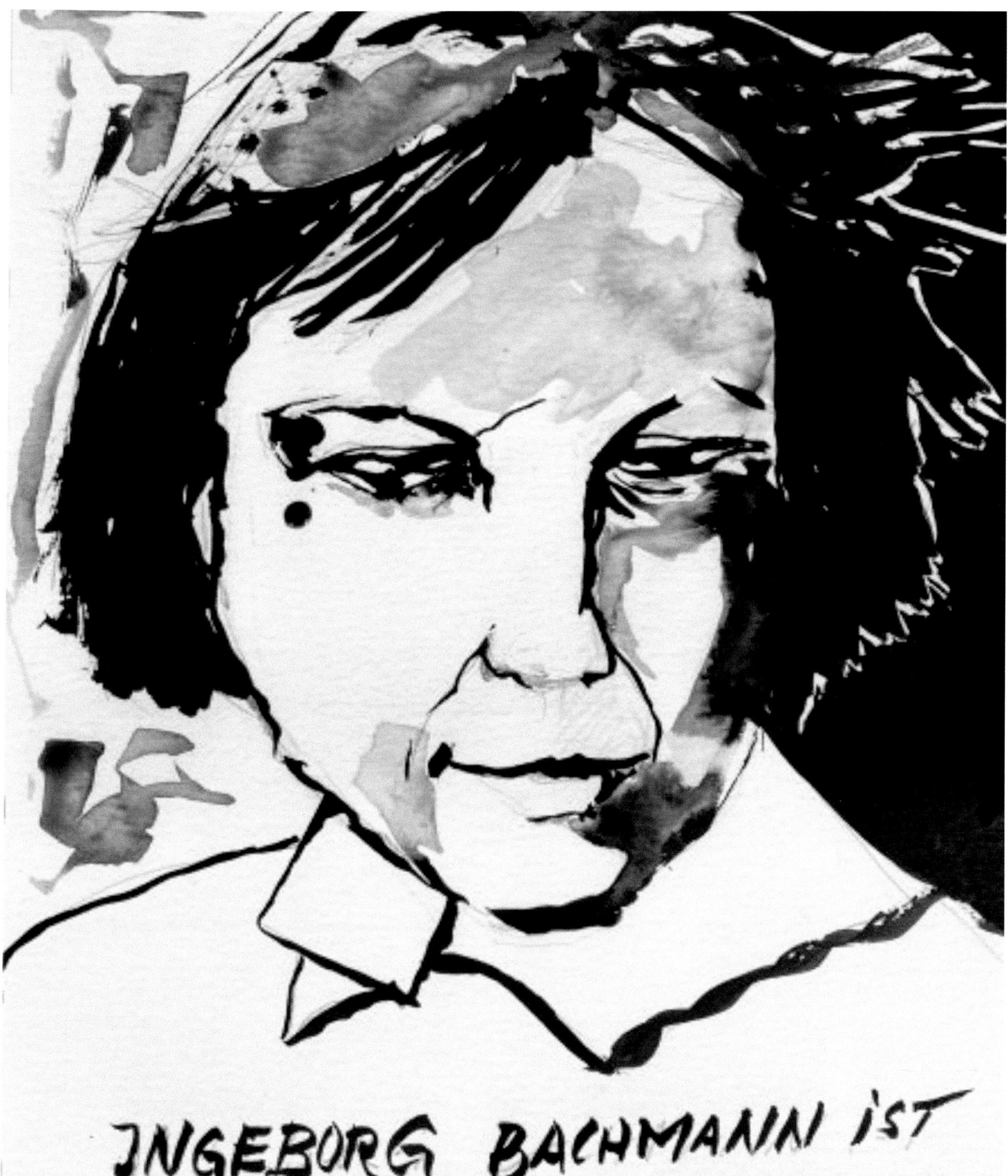
JNGEBORG BACHMANN iST
MIT BRENNENDER ZIGARETTE
IM BETT EINGESCHLAFEN

CAMILLE CLAUDEL
KÜNSTLERIN

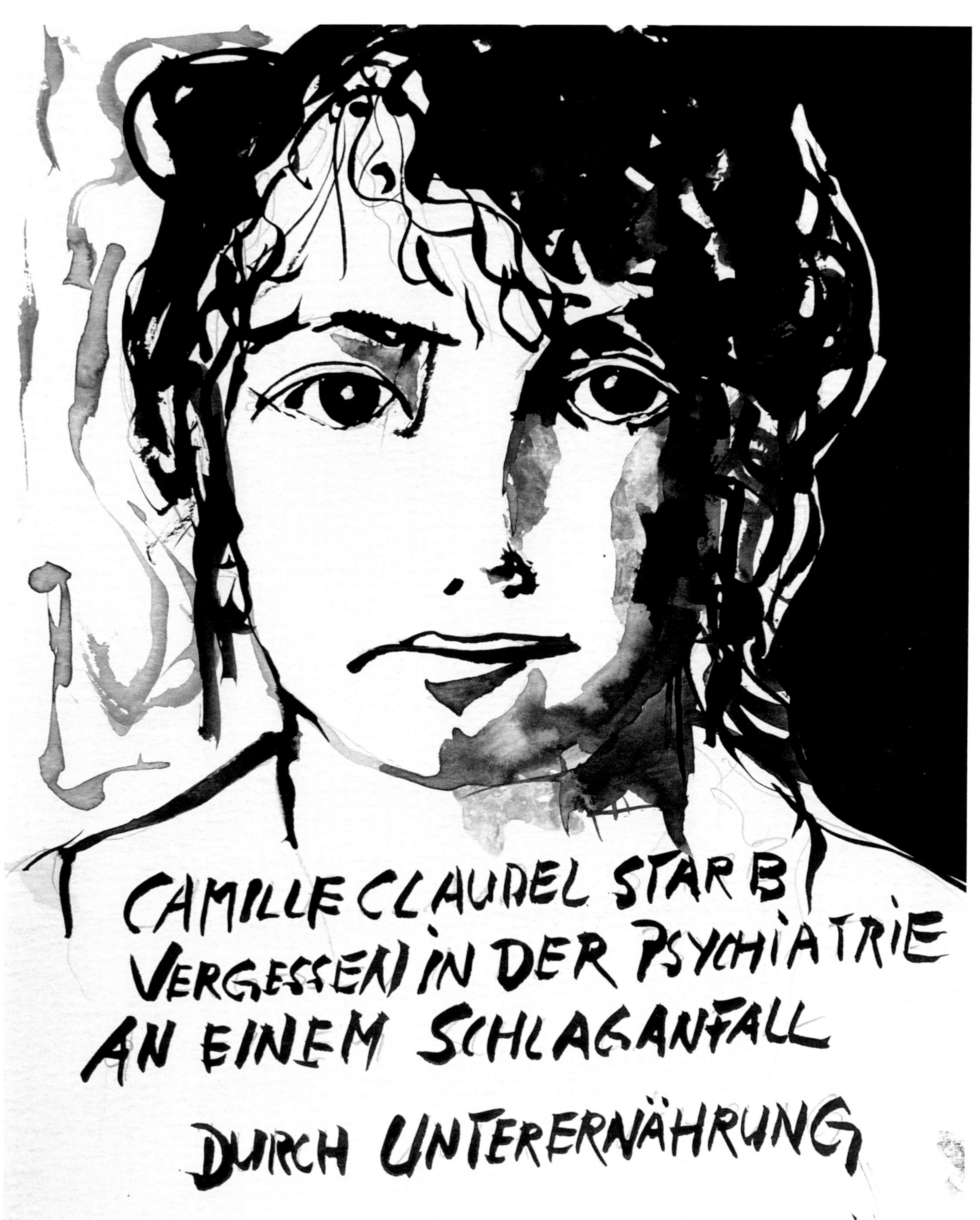

CAMILLE CLAUDEL STARB
VERGESSEN IN DER PSYCHIATRIE
AN EINEM SCHLAGANFALL
DURCH UNTERERNÄHRUNG

AGNES VON KRUSENST-
JERNA
AUTORIN

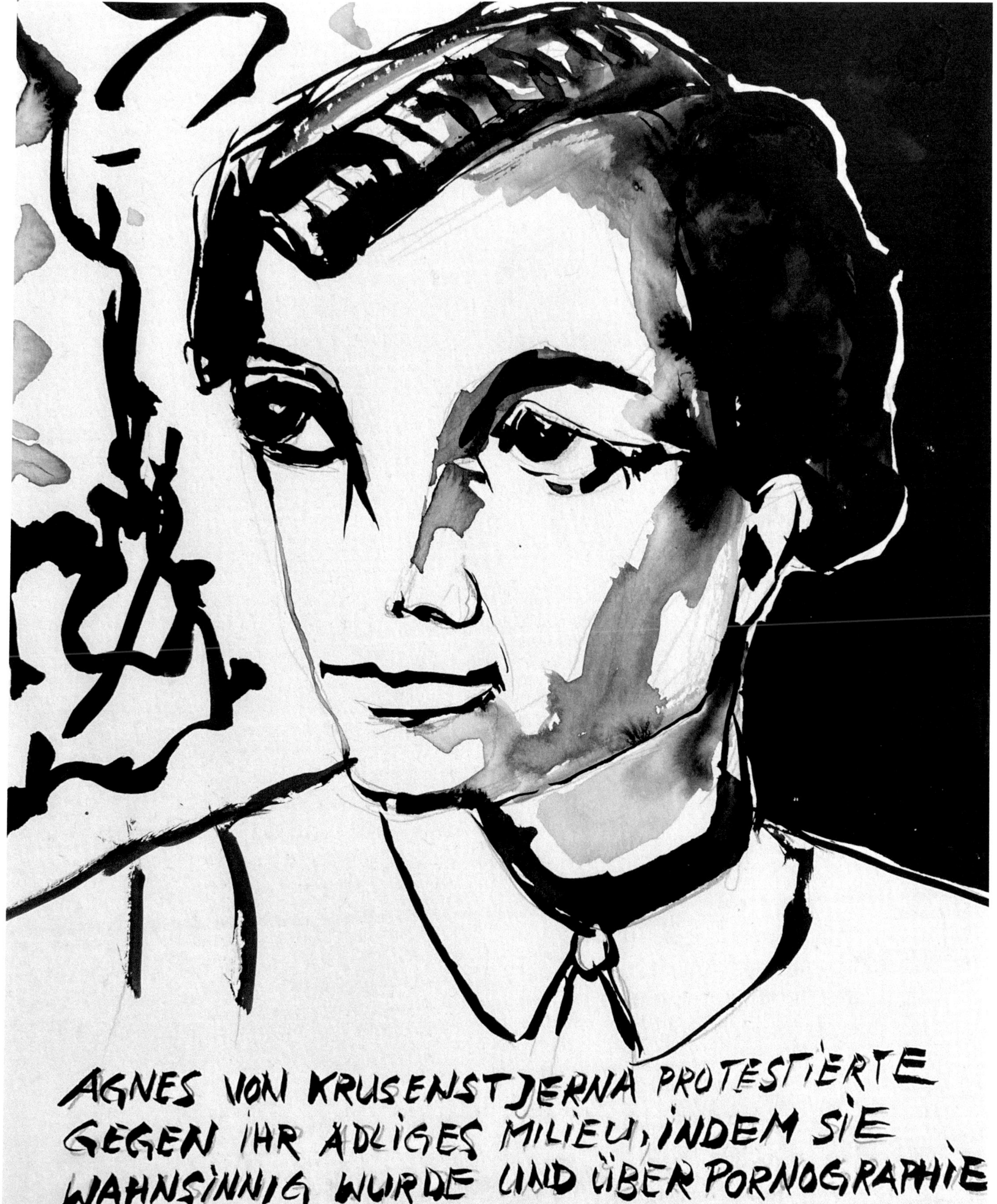

AGNES VON KRUSENSTJERNA PROTESTIERTE
GEGEN IHR ADLIGES MILIEU, INDEM SIE
WAHNSINNIG WURDE UND ÜBER PORNOGRAPHIE
UND KÜNSTLERISCHE FREIHEIT SCHRIEB.

IRMGARD KEUN AUTORIN

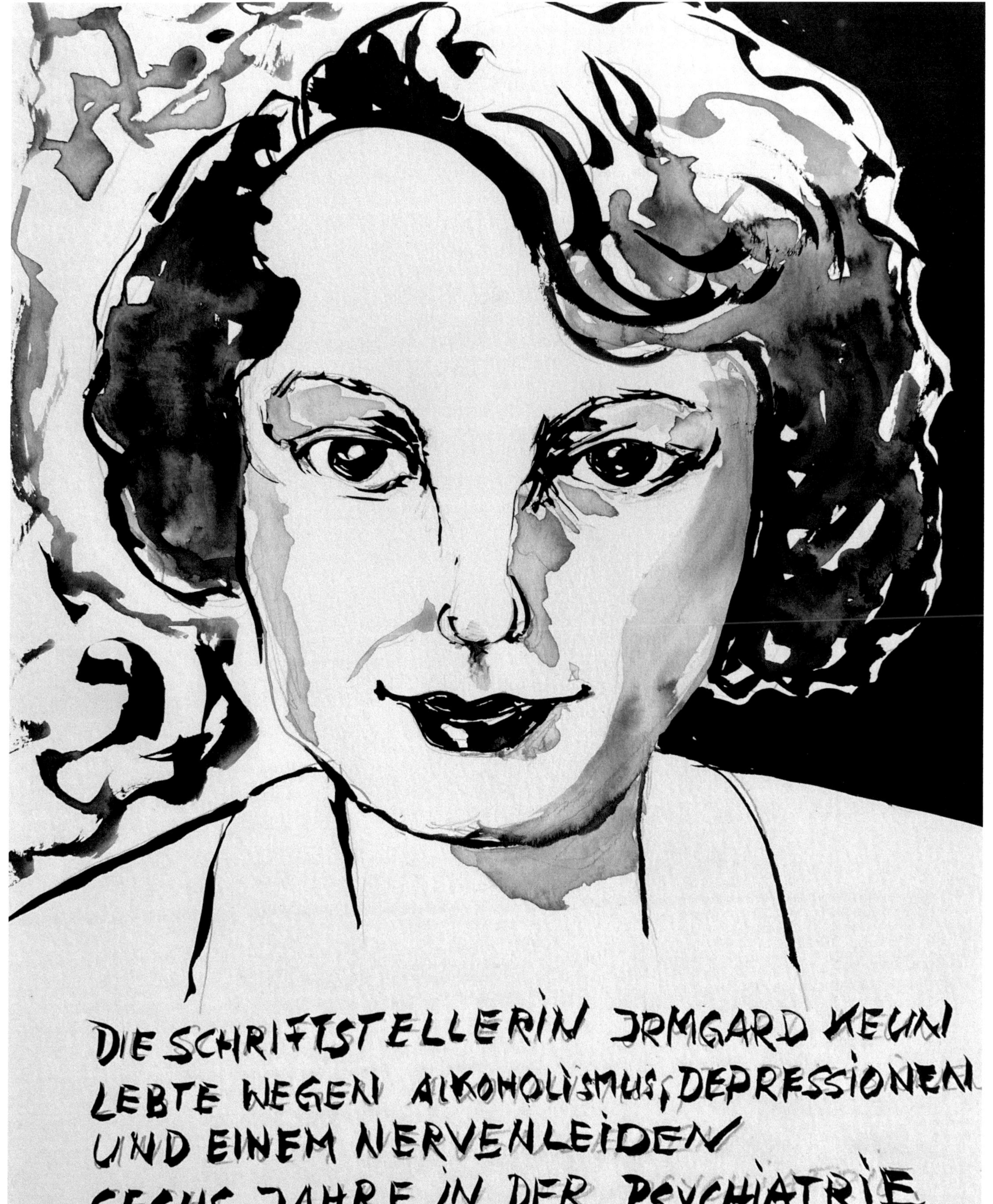

DIE SCHRIFTSTELLERIN IRMGARD KEUN
LEBTE WEGEN ALKOHOLISMUS, DEPRESSIONEN
UND EINEM NERVENLEIDEN
SECHS JAHRE IN DER PSYCHIATRIE

EMILIE KEMPIN JURISTIN

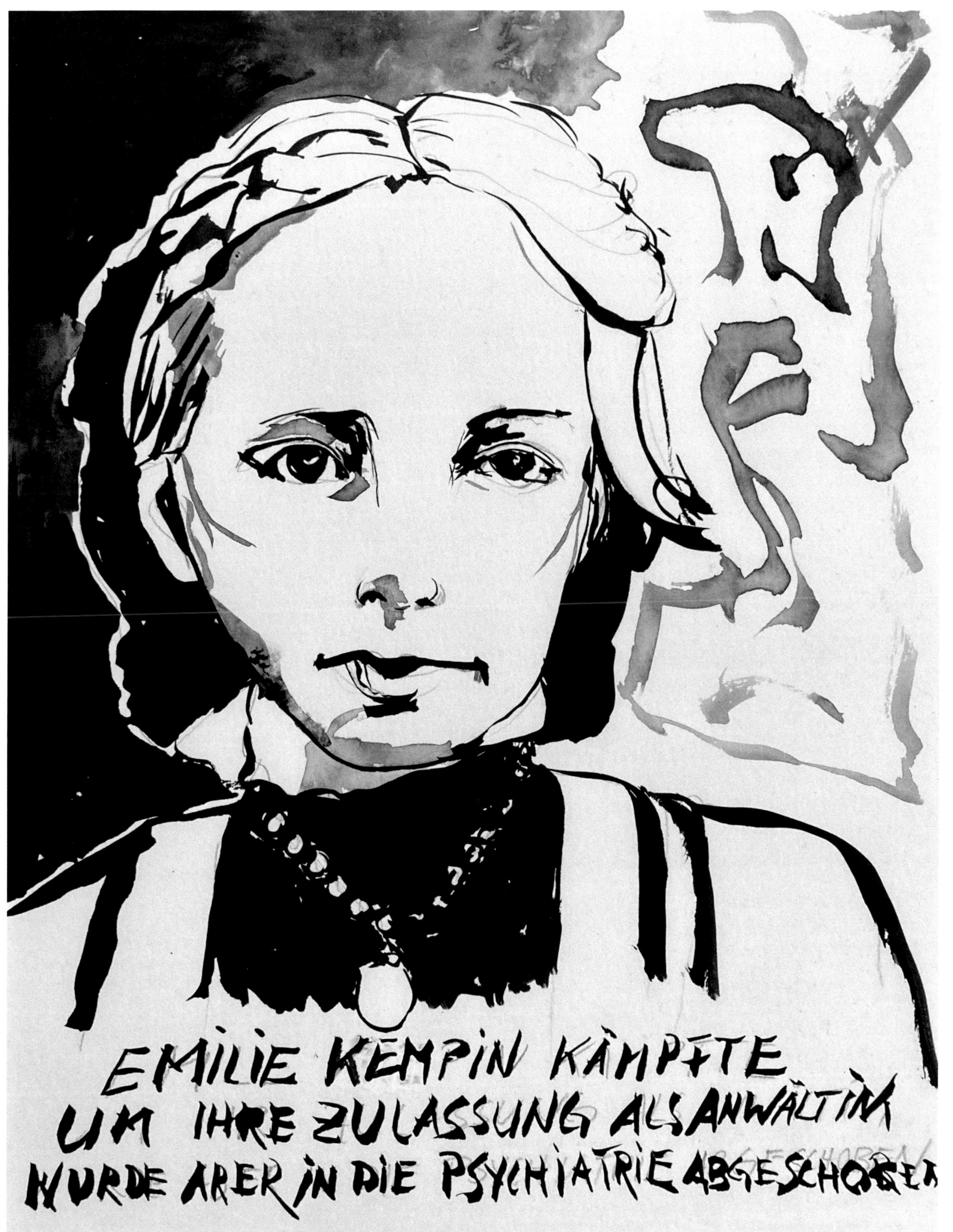

EMILIE KEMPIN KÄMPFTE
UM IHRE ZULASSUNG ALS ANWÄLTIN
WURDE ABER IN DIE PSYCHIATRIE ABGESCHOBEN

ELSE LASKER-SCHÜLER AUTORIN

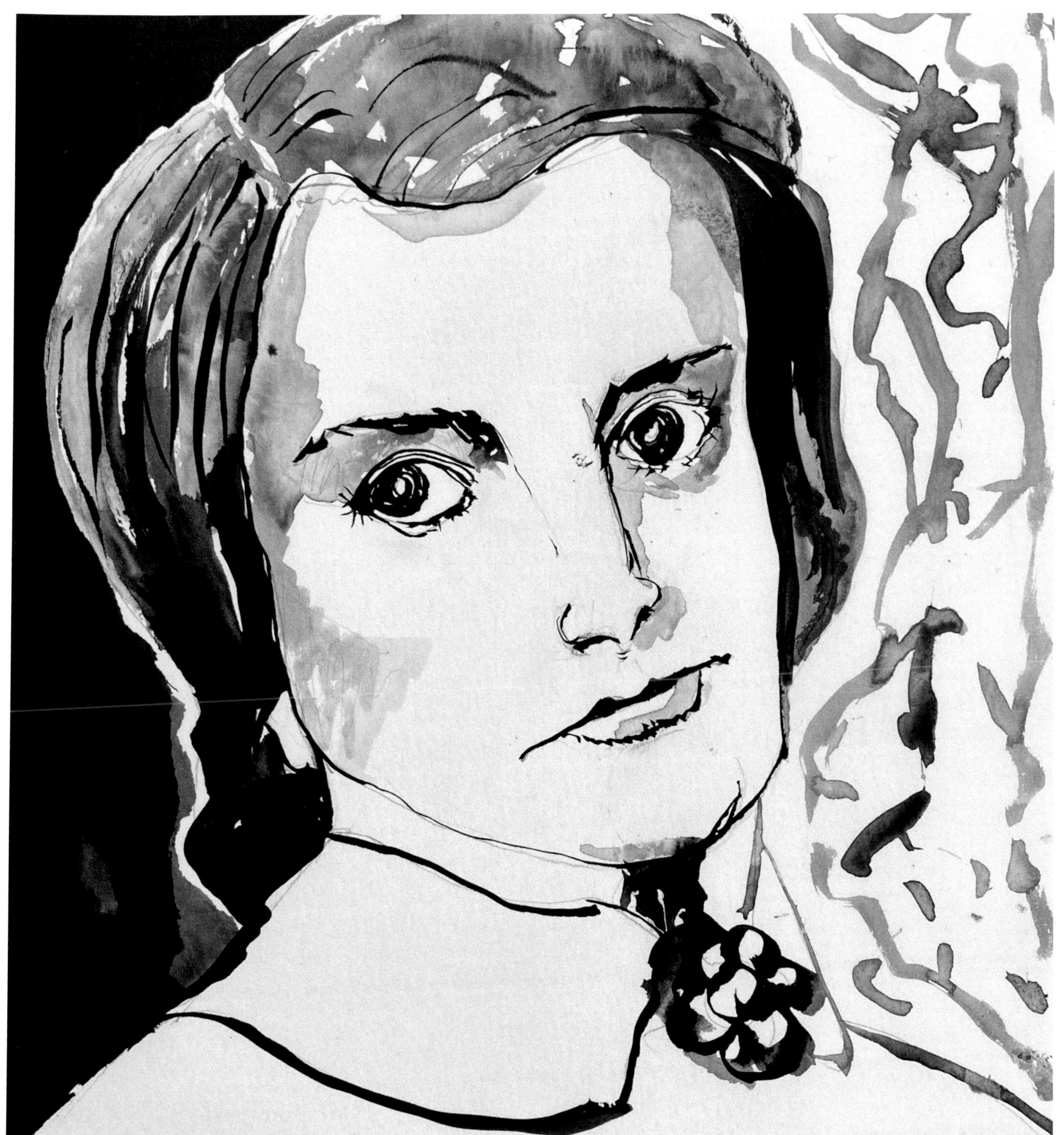

EIN GEDICHT VON ELSE LASKER SCHÜLER
WURDE 1910 IN DER RHEINISCH-
WESTFÄLISCHEN ZEITUNG ALS "VÖLLIGE
GEHIRNERWEICHUNG" BEZEICHNET.

SYLVIA PLATH
AUTORIN

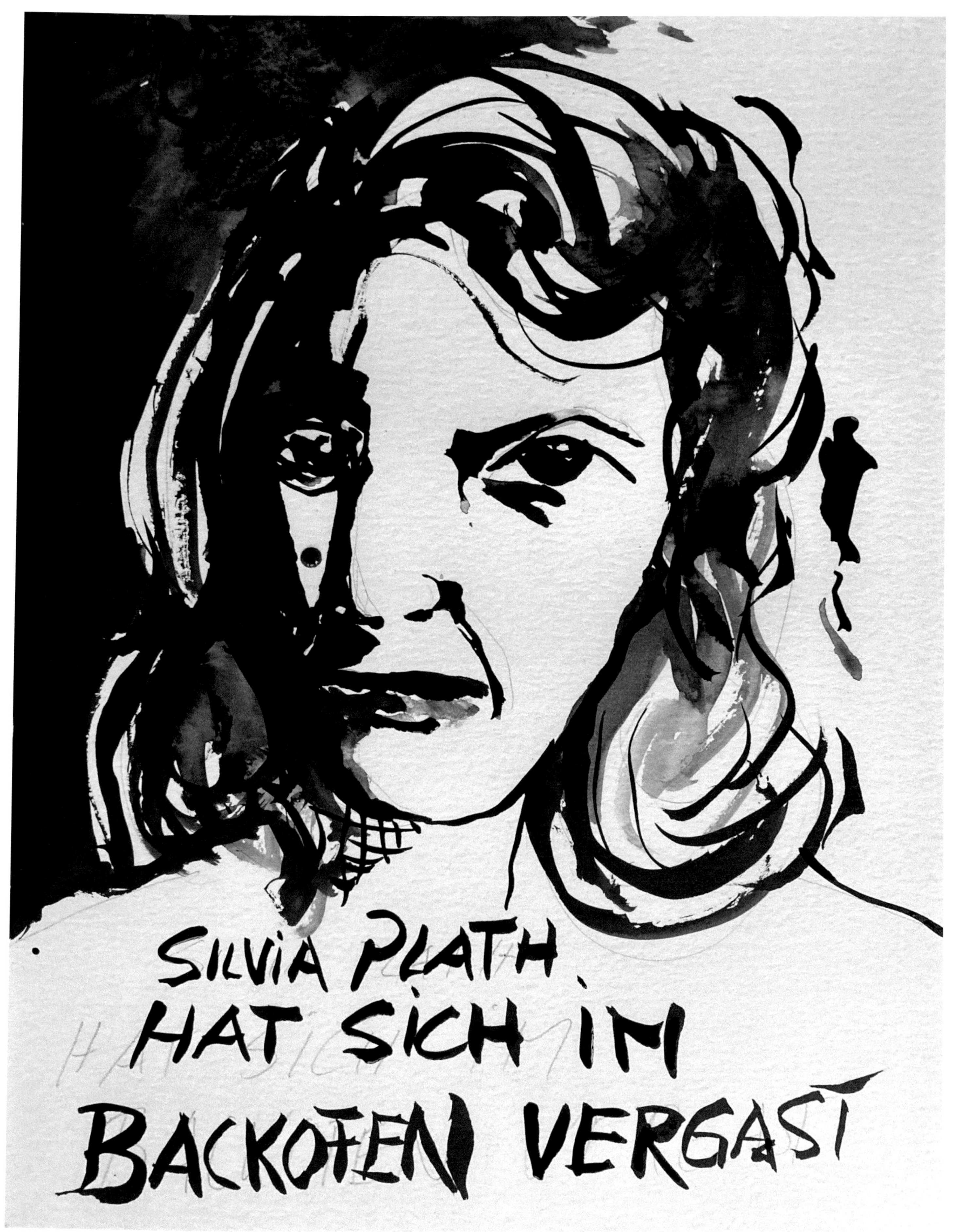

SILVIA PLATH
HAT SICH IM
BACKOFEN VERGAST

ELLEN WEST
DICHTERIN

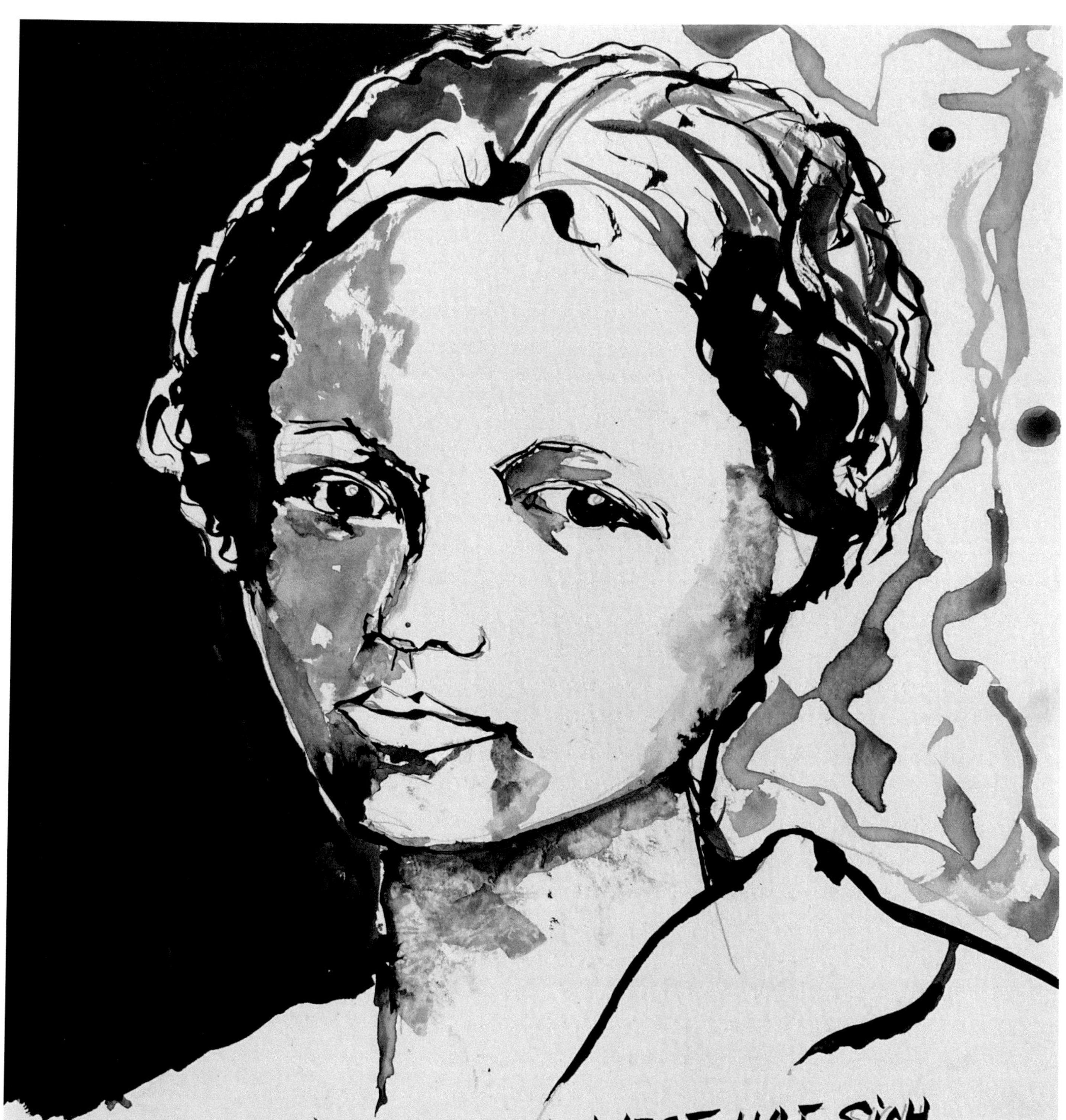
DIE DICHTERIN ELLEN WEST HAT SICH
NACH EINER DEPRESSION MIT ESSSTÖRUNGEN
UND MEHREREN GESCHEITERTEN
THERAPIEN UMGEBRACHT

VIRGINIA WOOLF AUTORIN

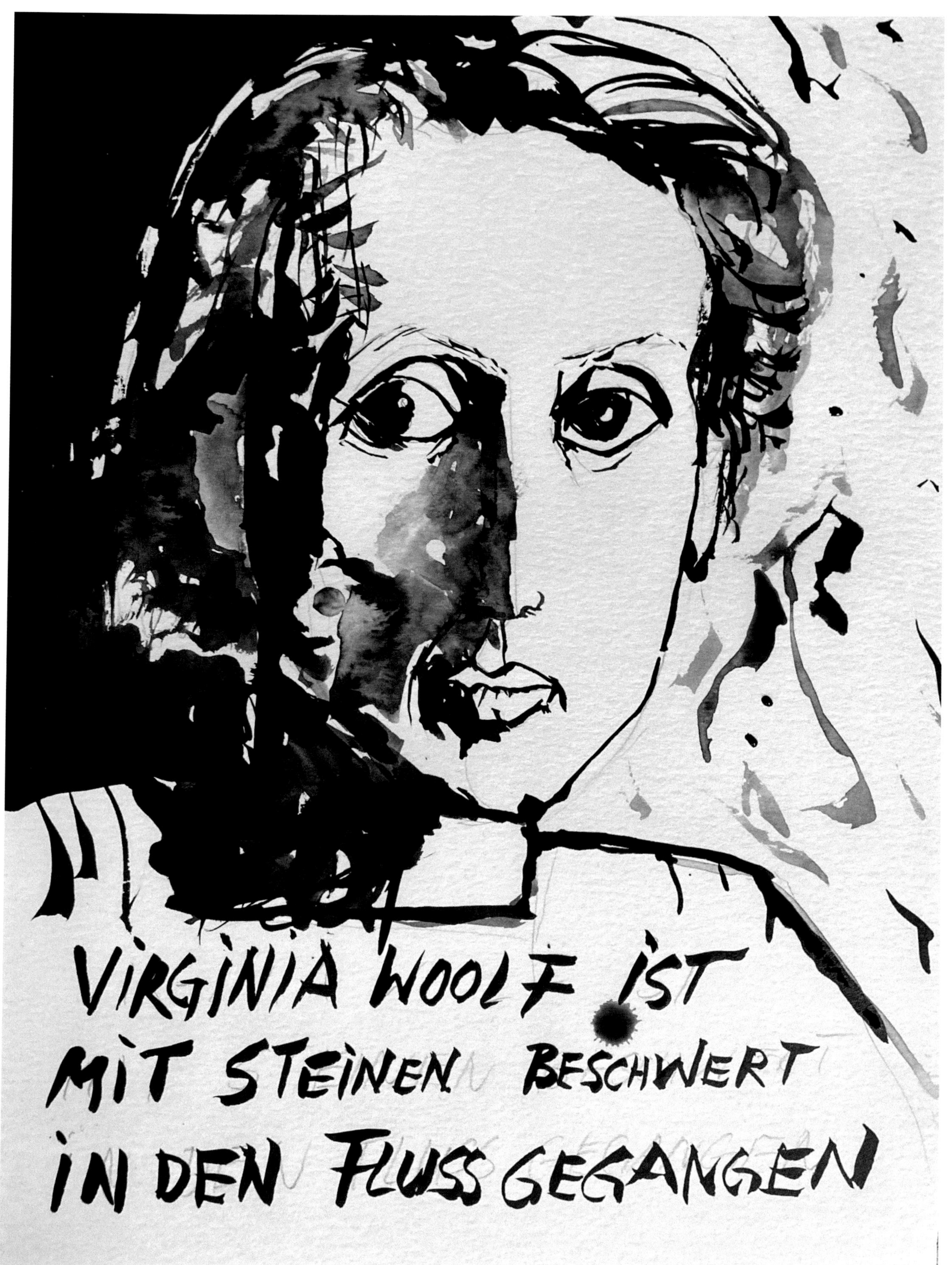

VIRGINIA WOOLF IST
MIT STEINEN BESCHWERT
IN DEN FLUSS GEGANGEN

AGLAJA VETERANYI AUTORIN UND SCHAU-SPIELERIN

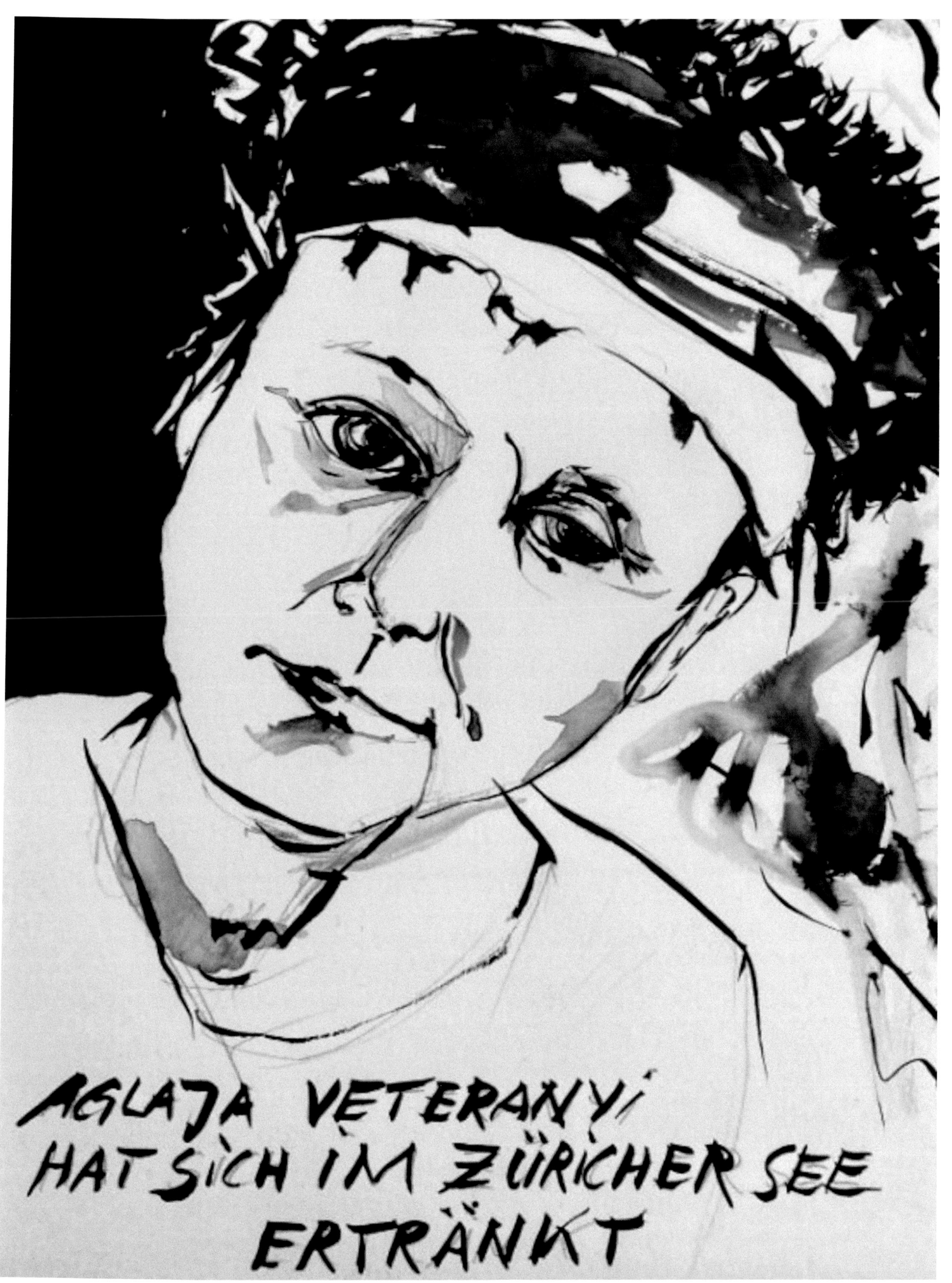

AGLAJA VETERANYI
HAT SICH IM ZÜRICHER SEE
ERTRÄNKT

ANNE SEXTON
AUTORIN

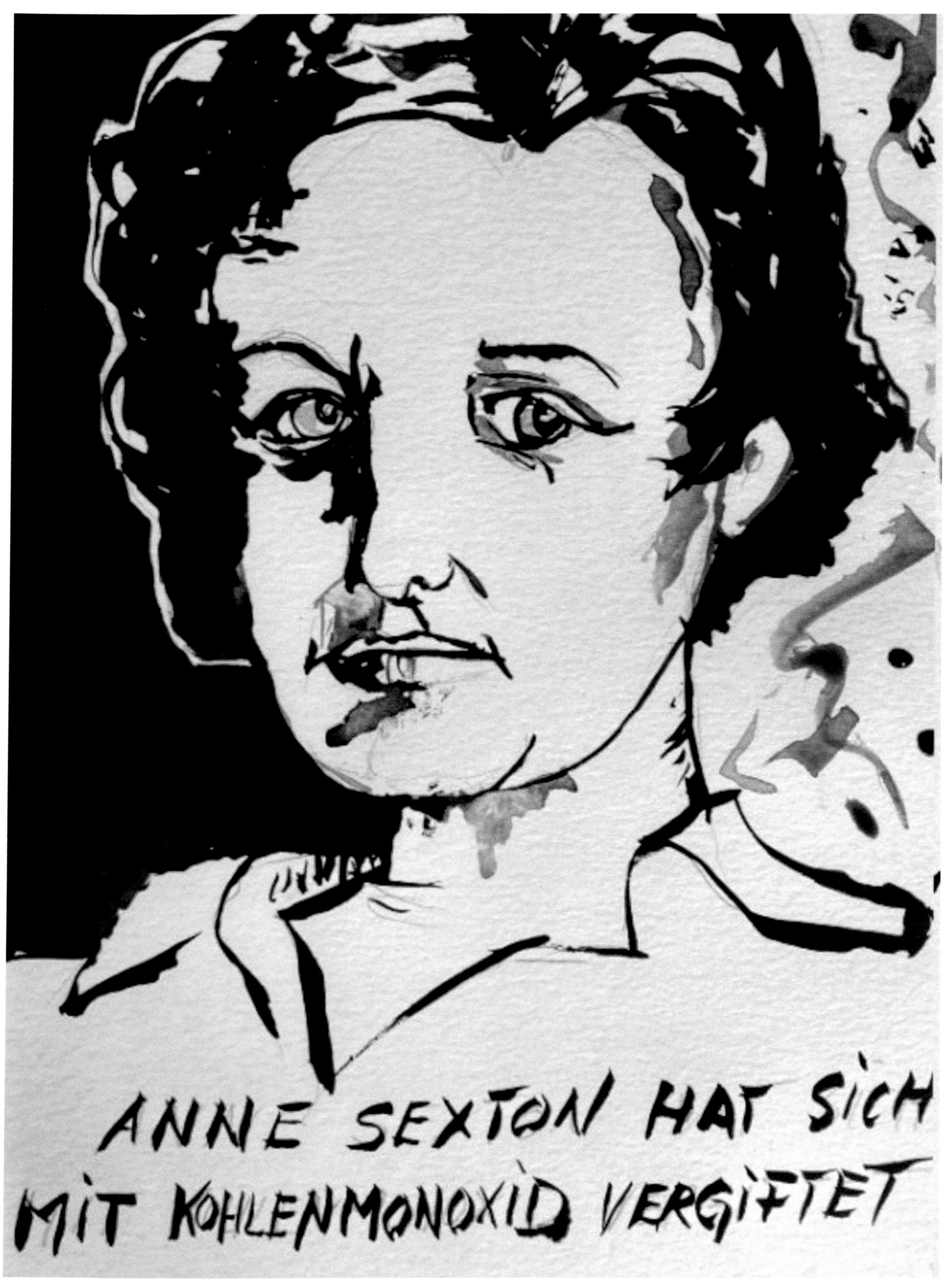

ANNE SEXTON HAT SICH
MIT KOHLENMONOXID VERGIFTET

SABINE SPIELREIN

ÄRZTIN UND PSYCHOANALYTIKERIN

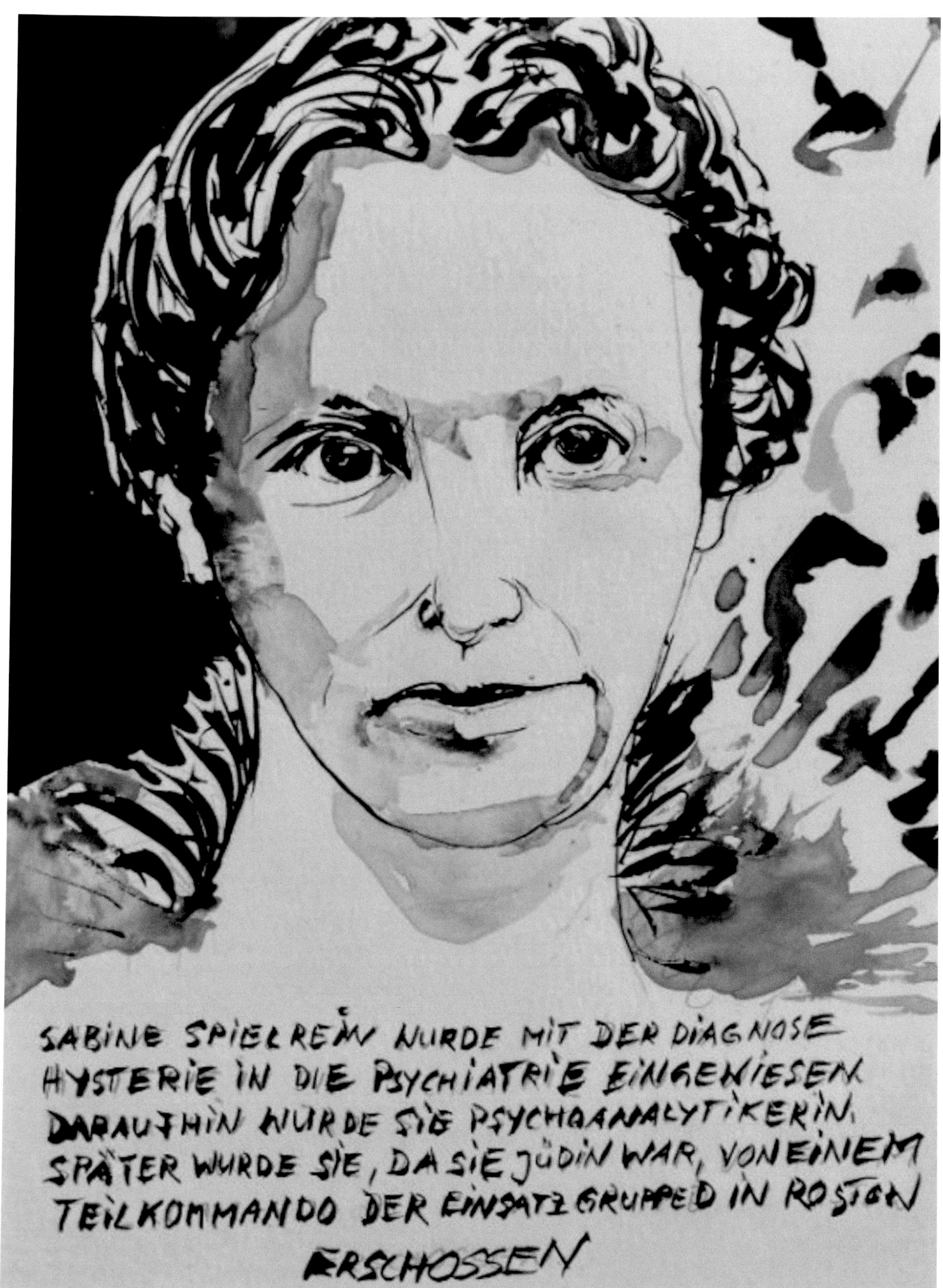

SABINE SPIELREIN WURDE MIT DER DIAGNOSE
HYSTERIE IN DIE PSYCHIATRIE EINGEWIESEN
DARAUFHIN WURDE SIE PSYCHOANALYTIKERIN,
SPÄTER WURDE SIE, DA SIE JÜDIN WAR, VON EINEM
TEILKOMMANDO DER EINSATZGRUPPED IN ROSTON
ERSCHOSSEN

LENE MARIE FOSSEN FOTOGRAFIN

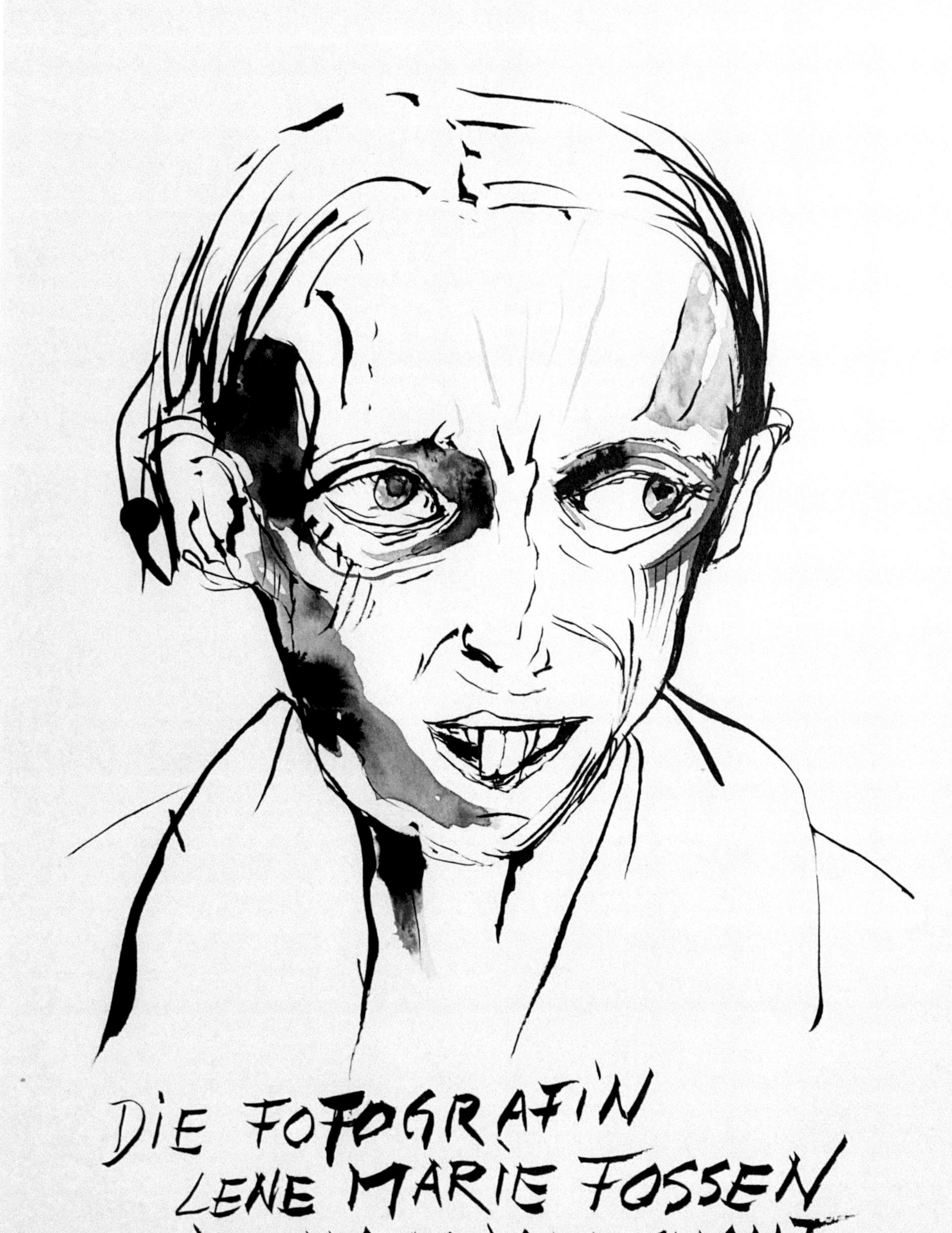

DIE FOTOGRAFIN
LENE MARIE FOSSEN
IST AN MAGERSUCHT
GESTORBEN

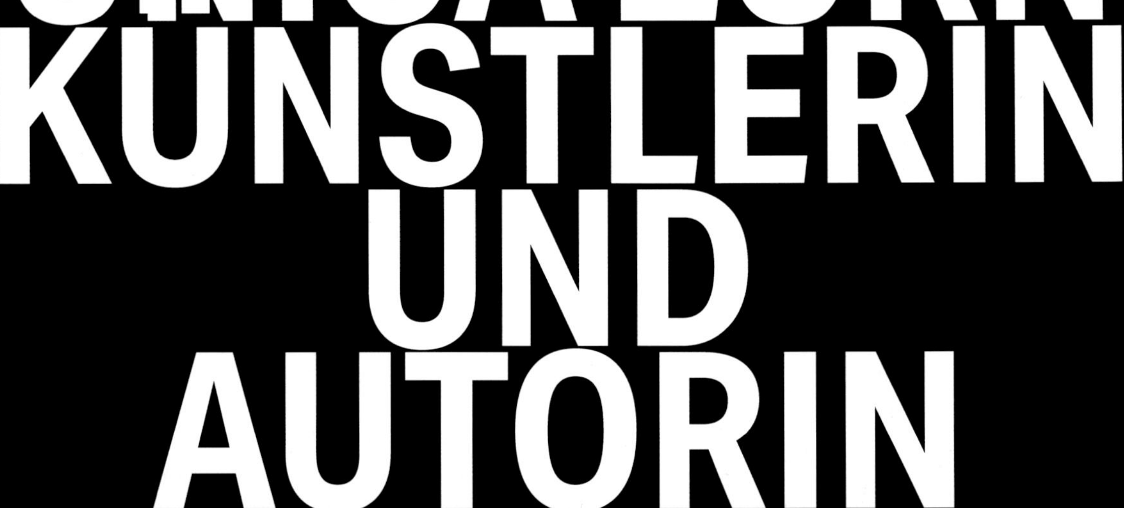

UNICA ZURN
KÜNSTLERIN
UND
AUTORIN

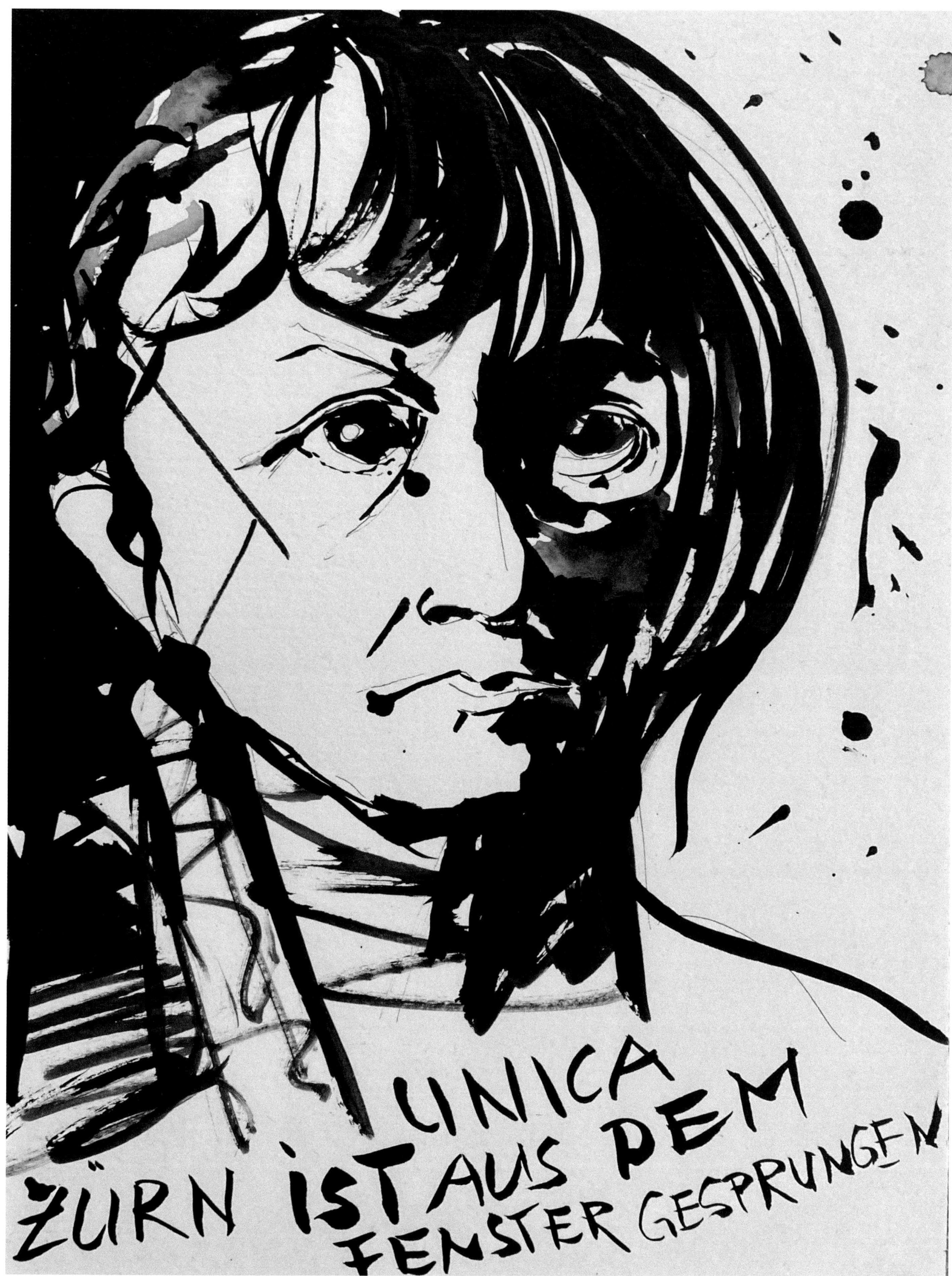

UNICA
ZÜRN IST AUS DEM
FENSTER GESPRUNGEN

WIEDER-KEH-RENDES

UNICA ZÜRN
DIE HALLUZINATIONEN

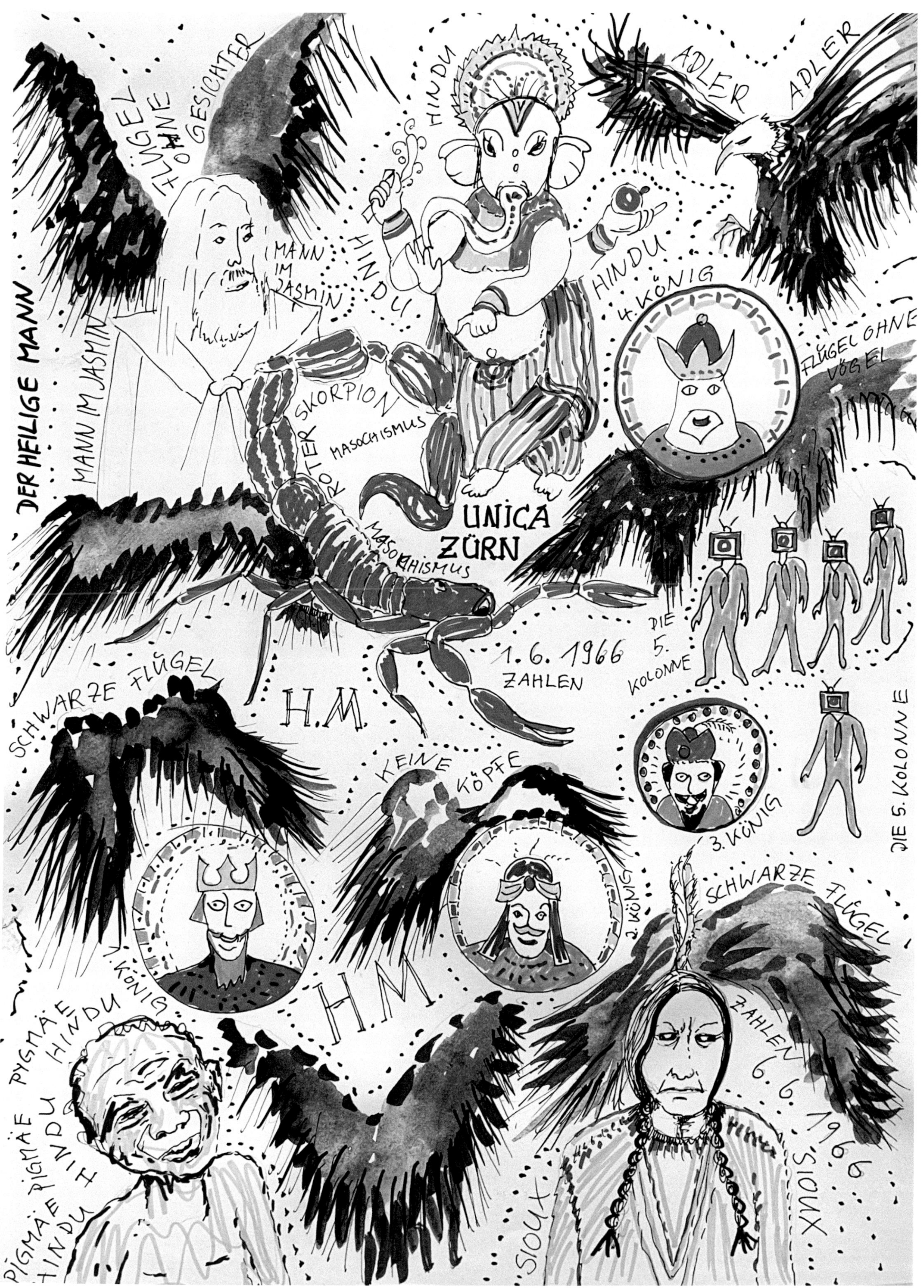

DER HEILIGE MANN
FLÜGEL
FLÜGEL FLÜGEL GESICHTER
MANN IM JASMIN
MANN IM JASMIN
HINDU
HINDU
HINDU
ADLER ADLER
ROTER SKORPION
MASOCHISMUS
MASOCHISMUS
UNICA ZÜRN
4. KÖNIG
FLÜGEL OHNE VÖGEL
SCHWARZE FLÜGEL
H.M.
1. 6. 1966
ZAHLEN
DIE 5. KOLONNE
3. KÖNIG
DIE 5. KOLONNE
KEINE KÖPFE
H.M.
1. KÖNIG
2. KÖNIG
SCHWARZE FLÜGEL
PIGMÄE PIGMÄE PIGMÄE HINDU
HINDU
SIOUX
ZAHLEN 6. 6. 1966
SIOUX

UNICA ZÜRN
POLA AM GRAB VON UNICA

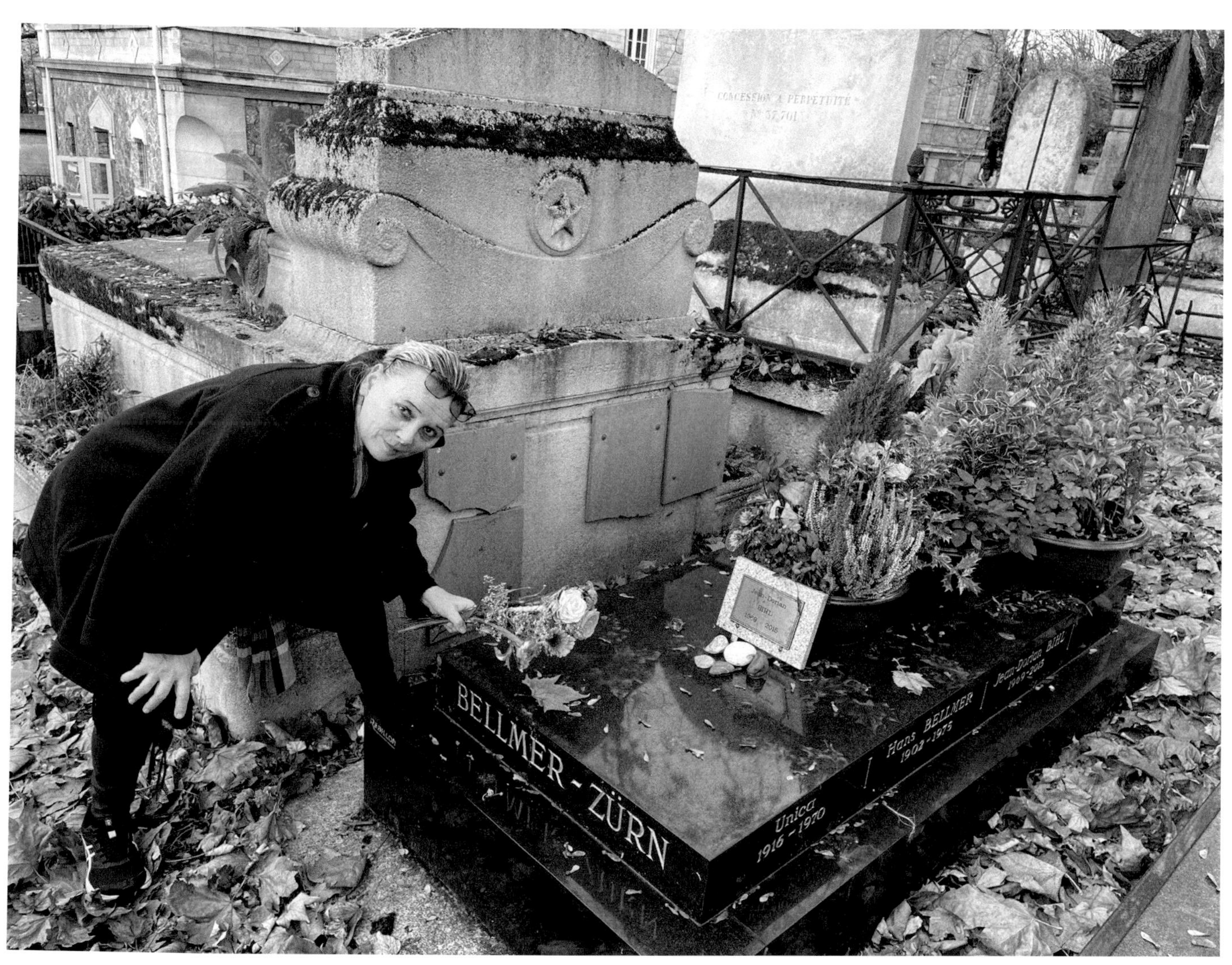

UNICA ZÜRN PORTRAIT

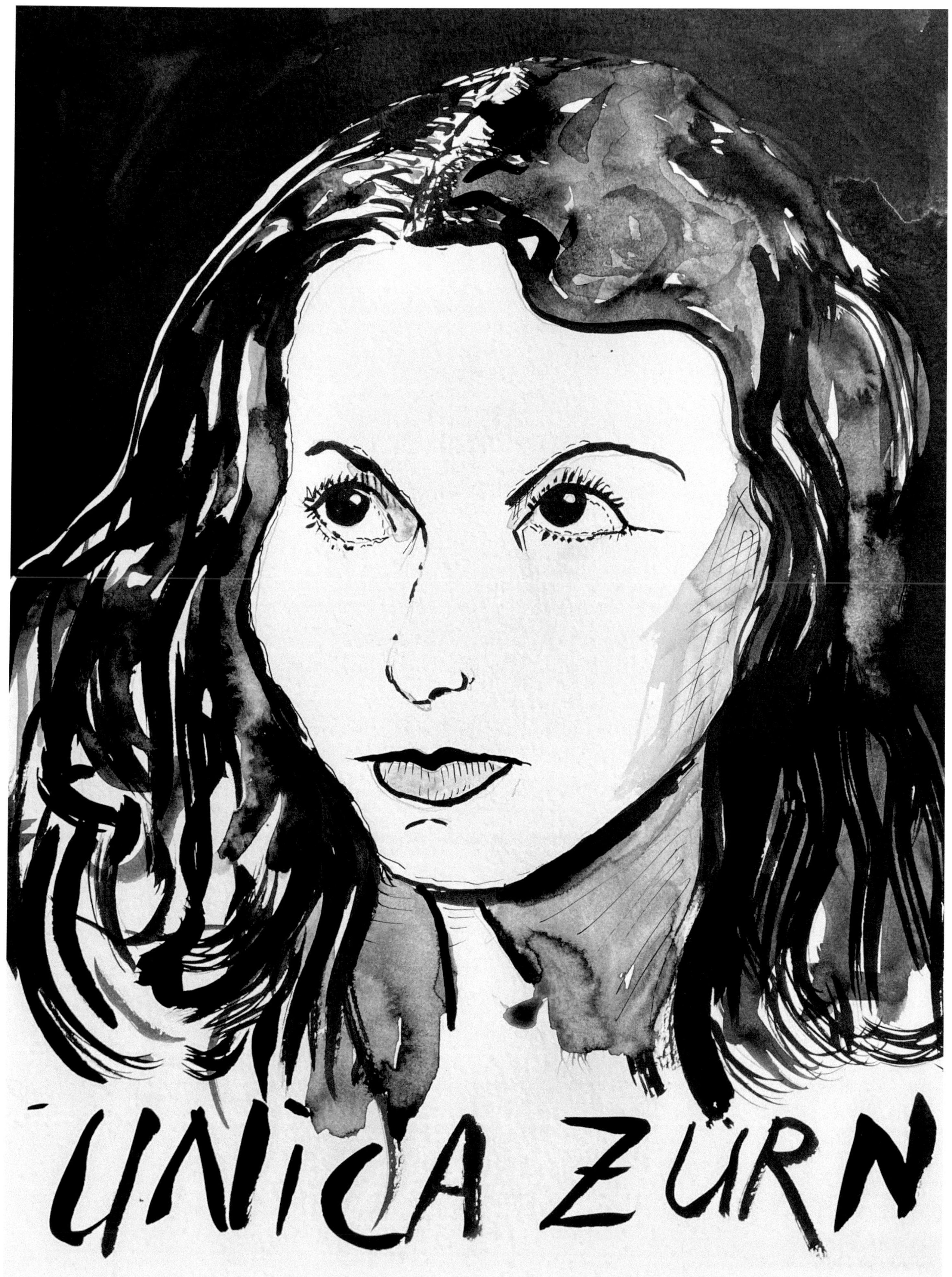

UNICA ZURN

UNICA ZÜRN
PORTRAIT

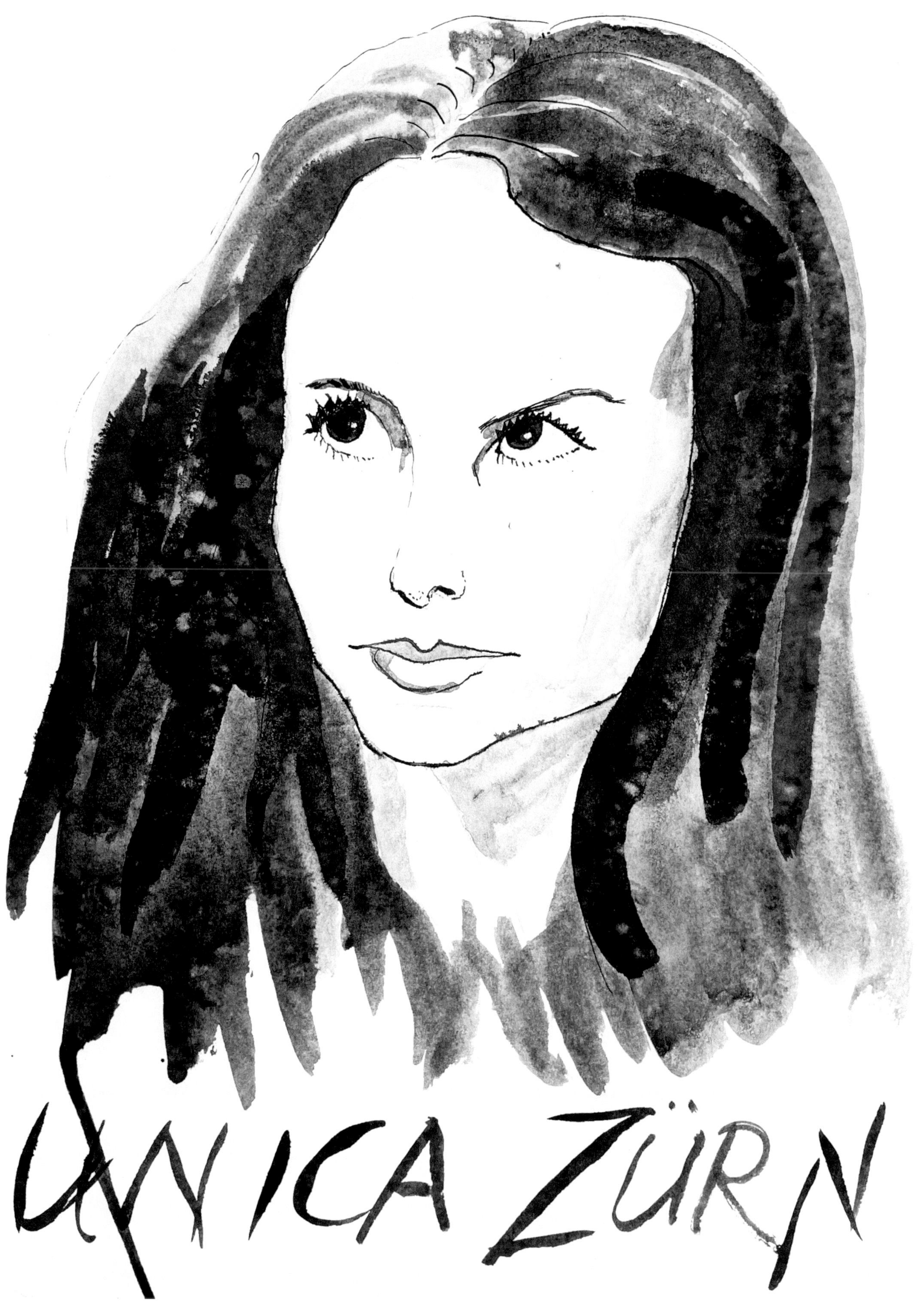

UNICA ZÜRN

UNICA ZÜRN PORTRAIT

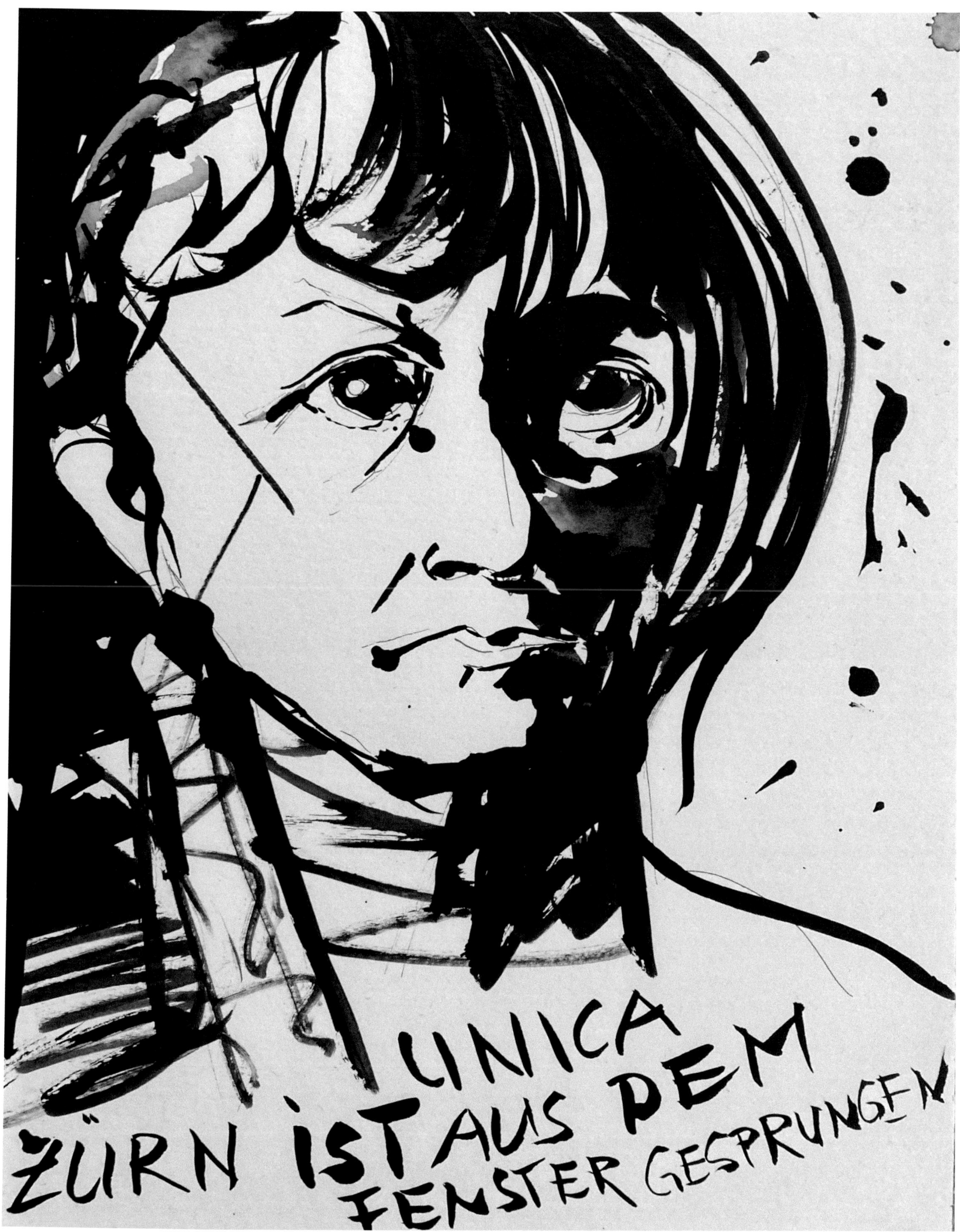

UNICA ZÜRN IST AUS DEM
FENSTER GESPRUNGEN

BUCHCOVER
ICH BIN UNICA ZÜRN

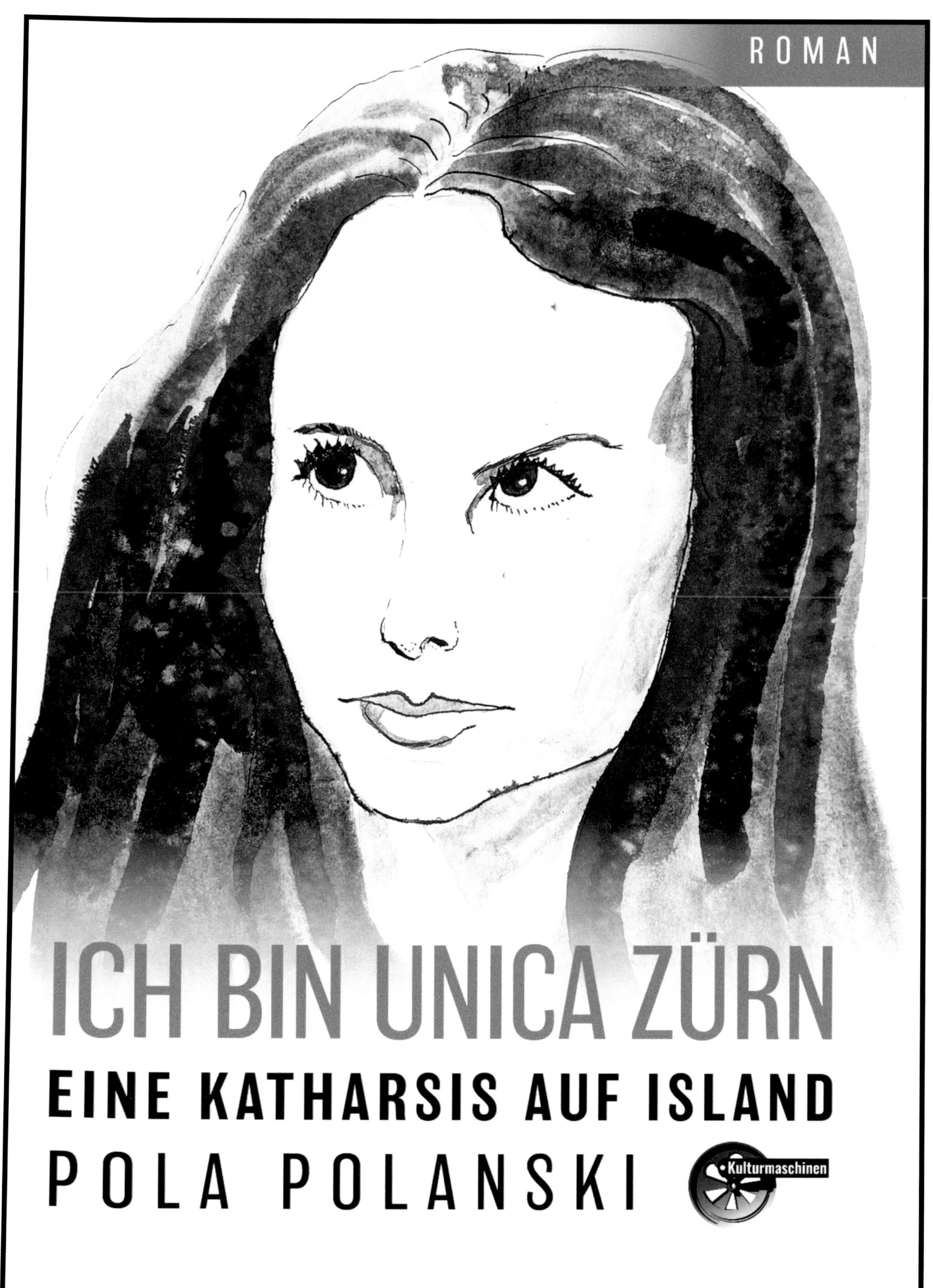
ROMAN
ICH BIN UNICA ZÜRN
EINE KATHARSIS AUF ISLAND
POLA POLANSKI
Kulturmaschinen

VIRGINIA WOOLF UND POLA

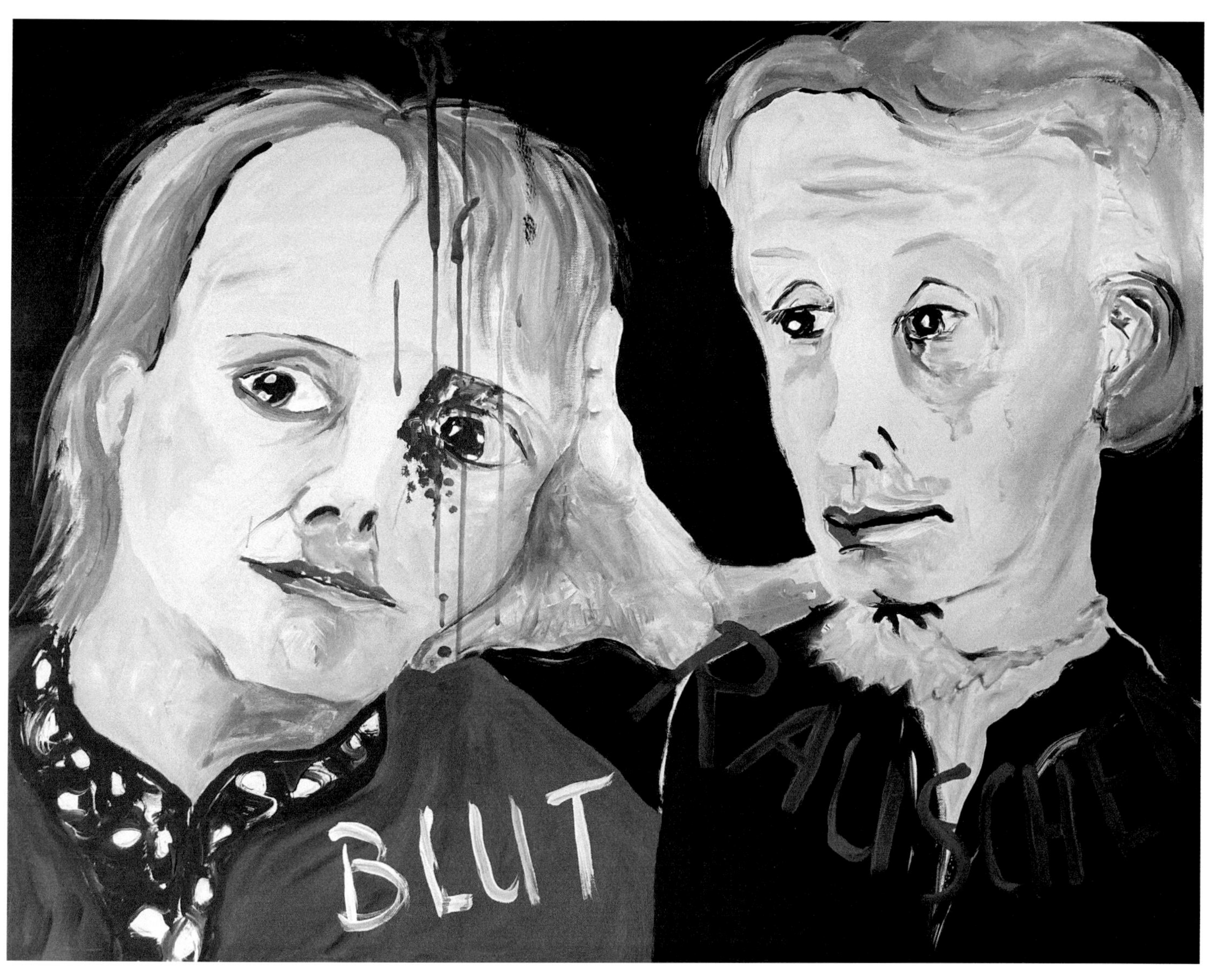

BLUT
RAUSCH

VIRGINIA WOOLF UND POLA

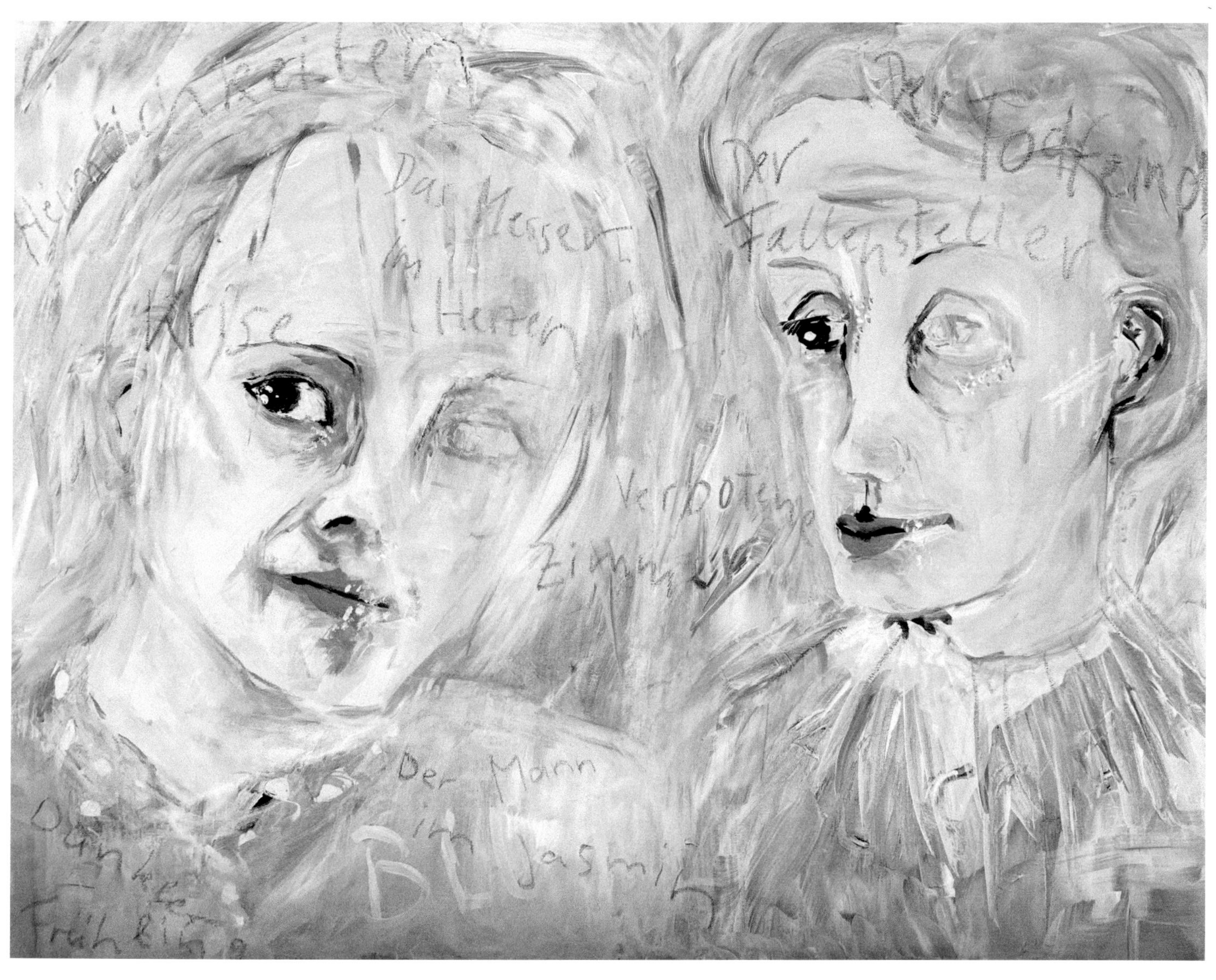

Heiterkeiten
Das Messer im Herzen
Krise
Verbotene Zimmer
Der Mann im Jasmin
Dunkler Frühling
Der Fallensteller
Der Todfeind

FIRST AID FOR VIRGINIA

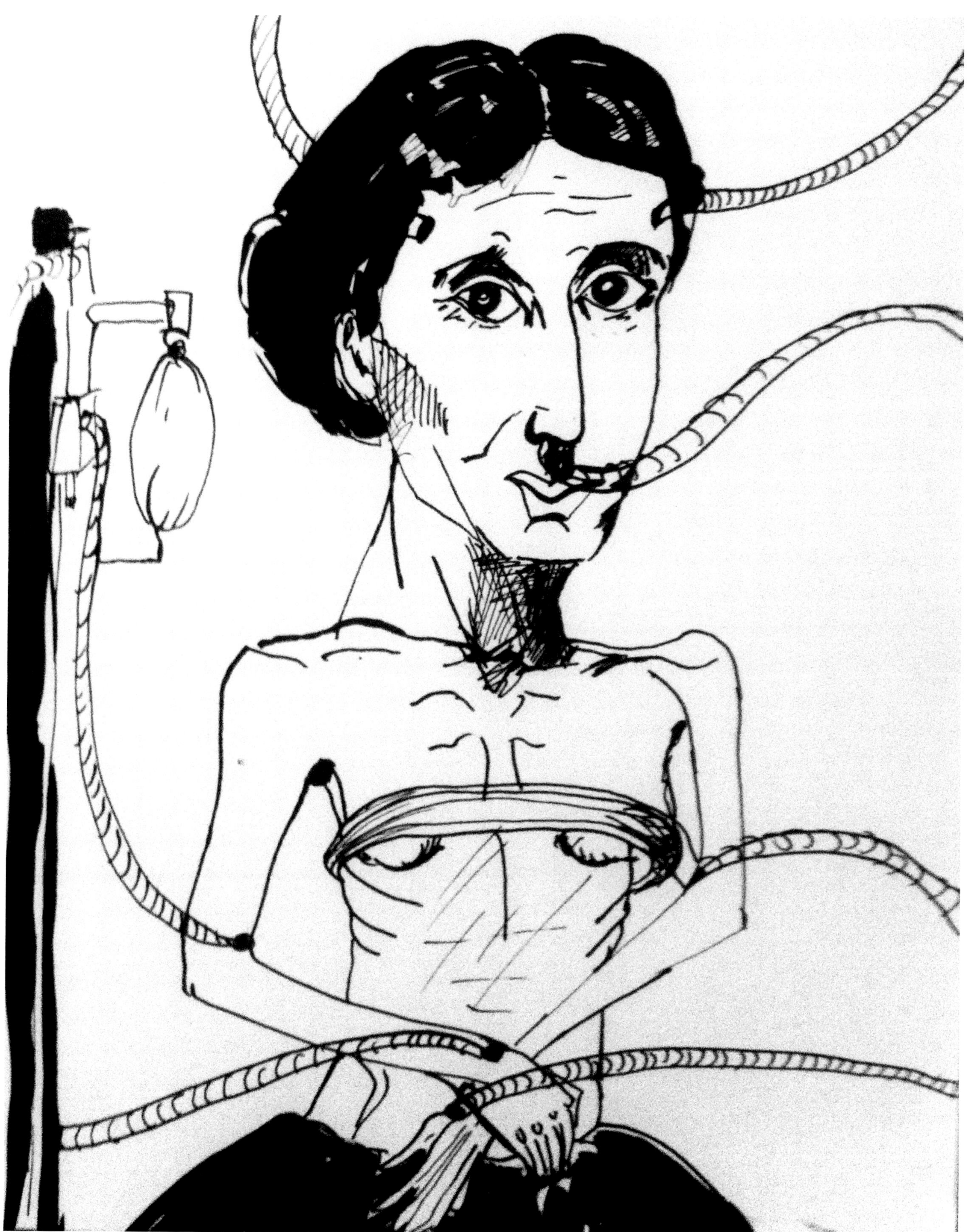

LOHNT ES
SICH ZU
SPRINGEN,
VIRGINIA?'

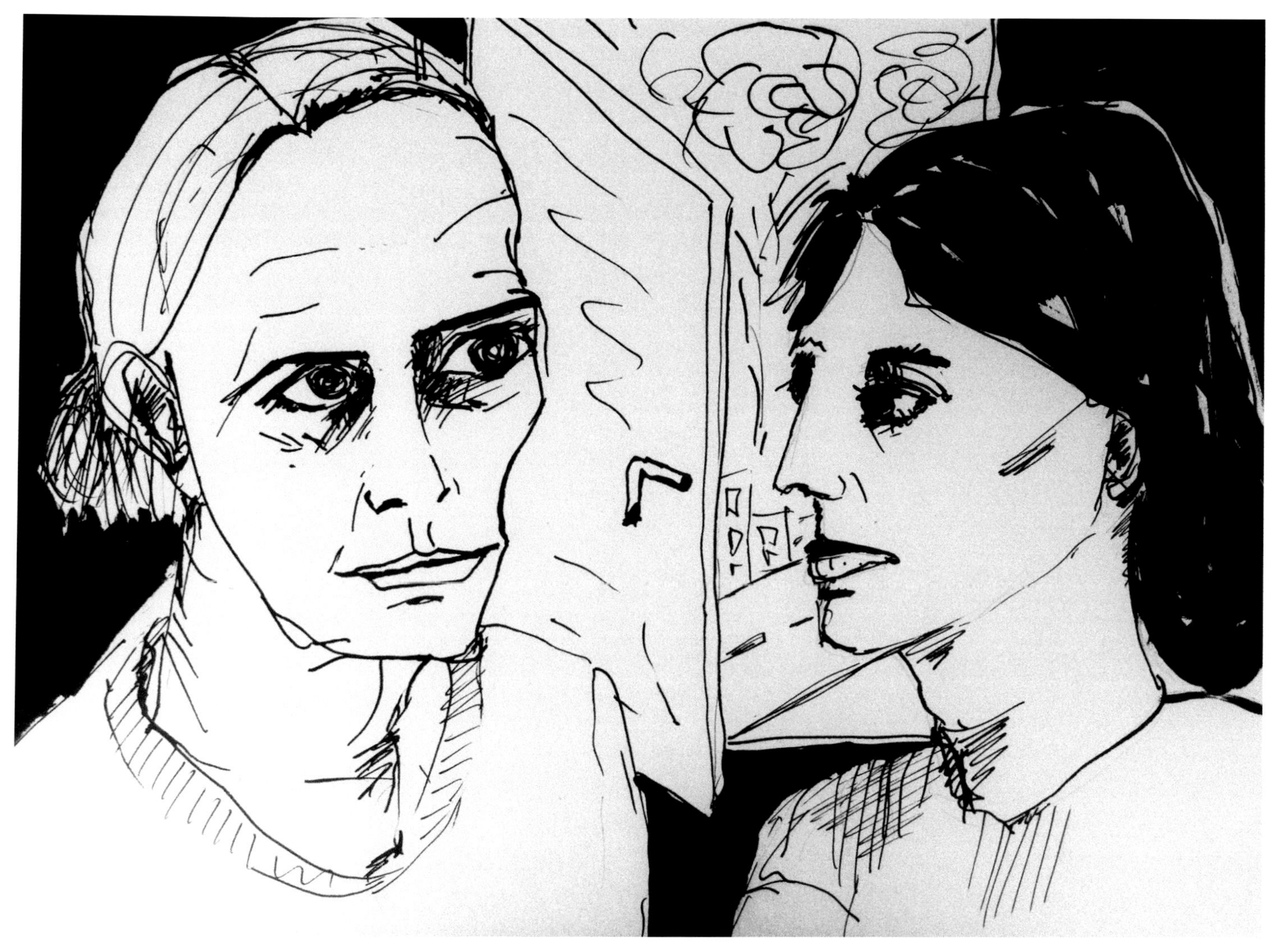

VIRGINIA WOOLF PORTRAIT

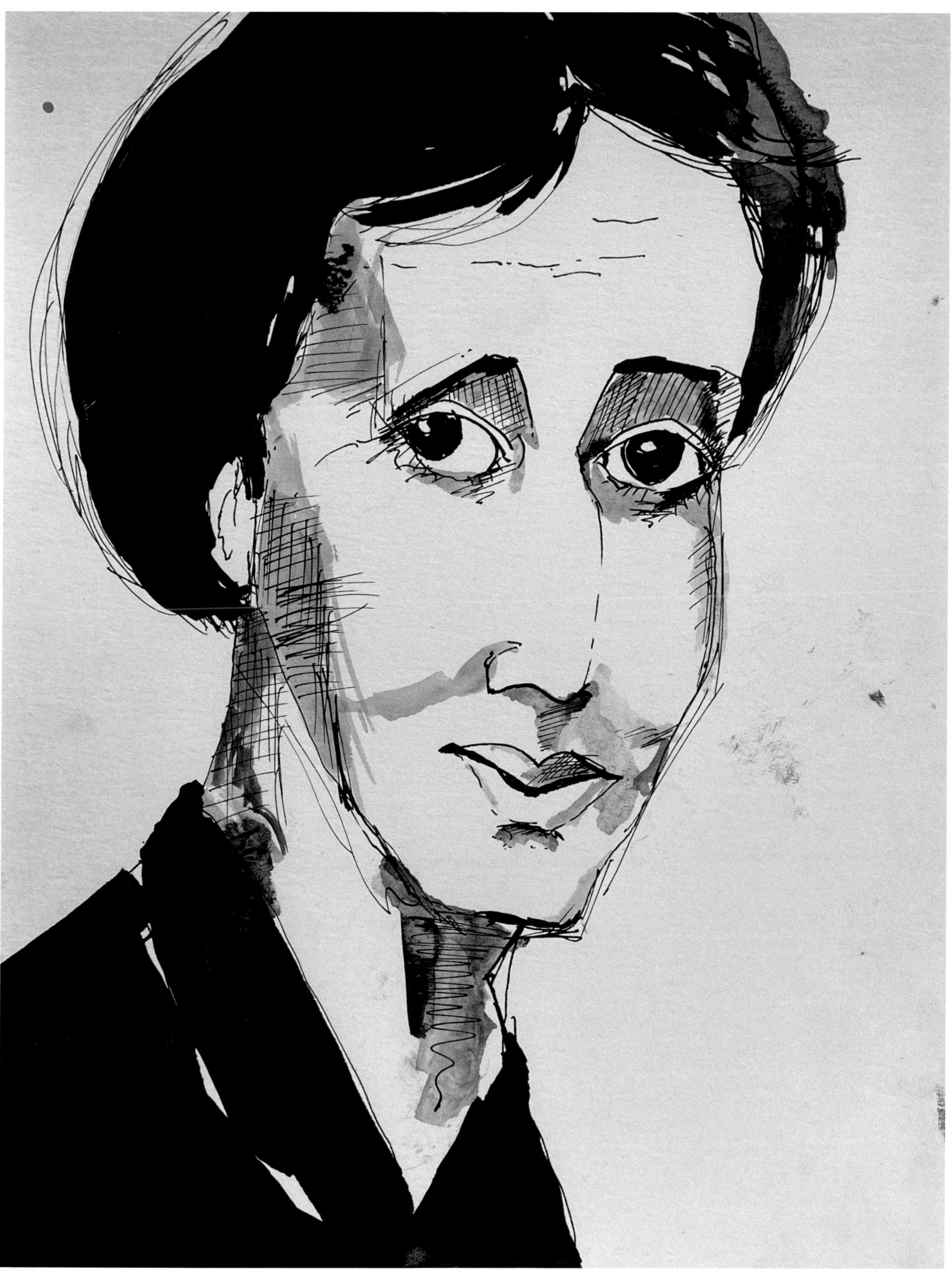

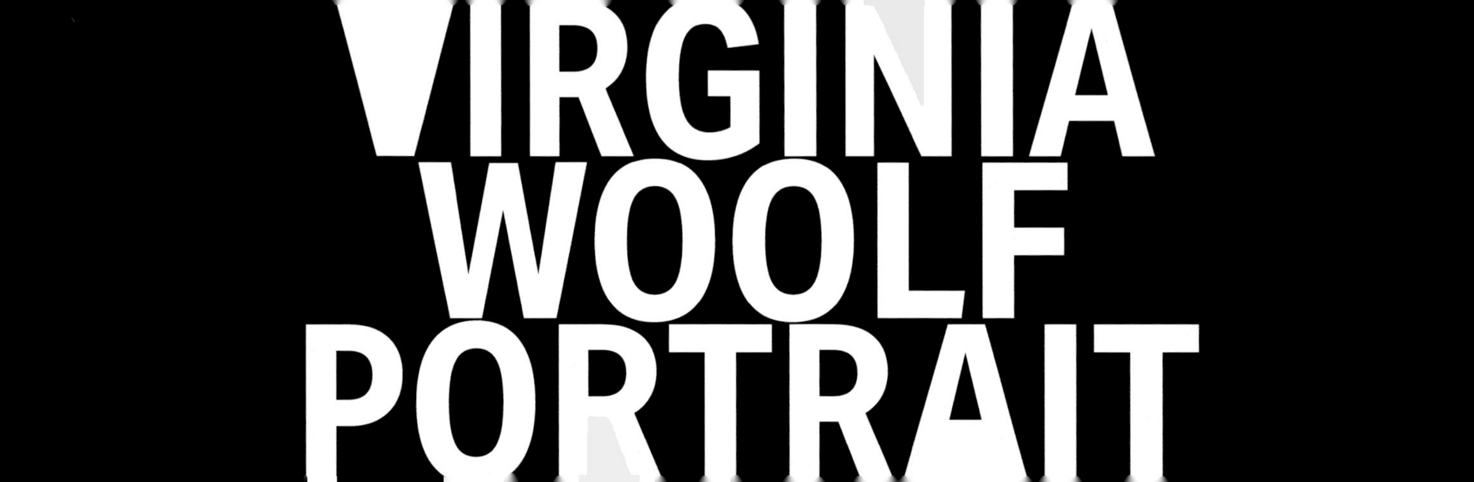
VIRGINIA
WOOLF
PORTRAIT

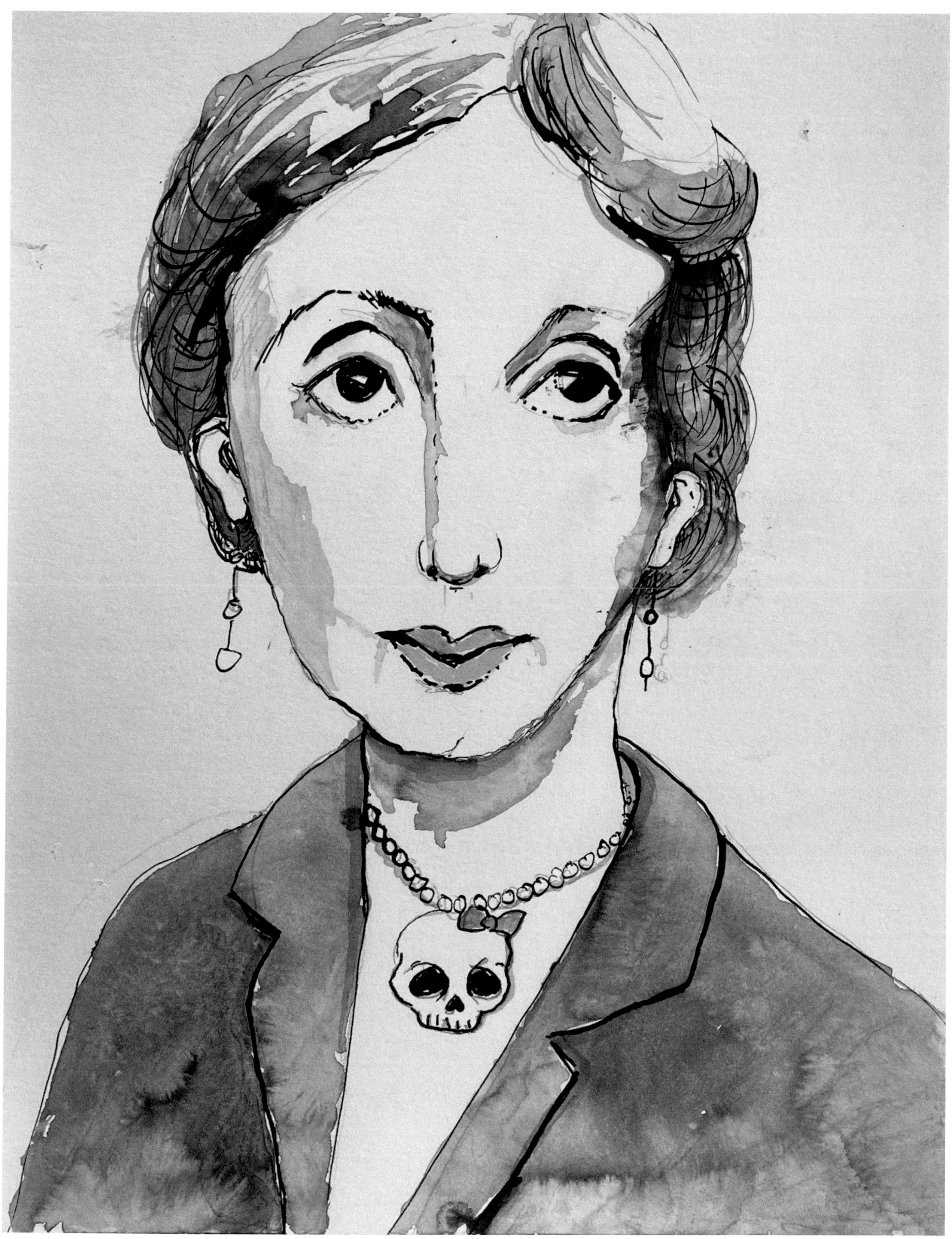

VIRGINIA WOOLF PORTRAIT

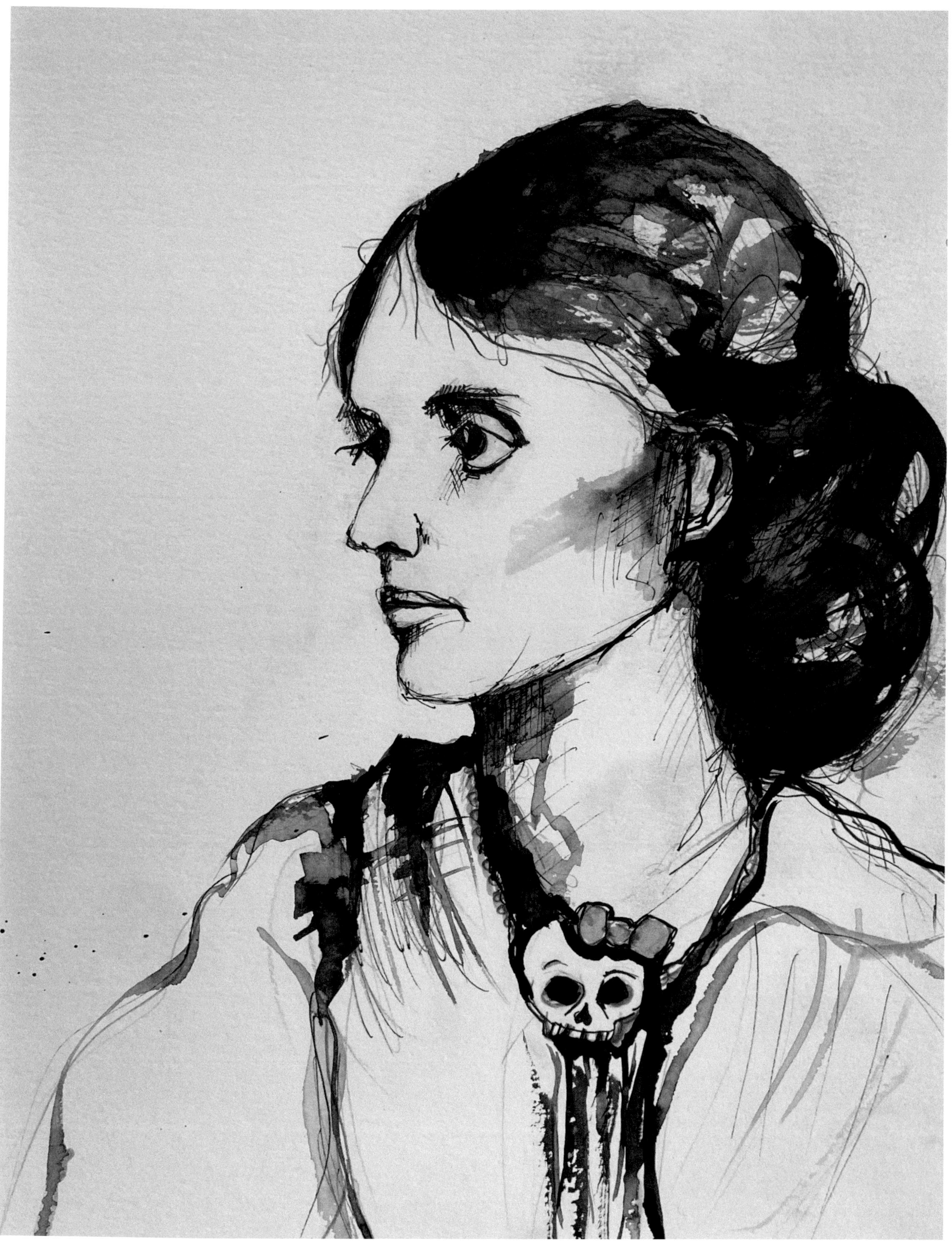

VIRGINIA WOOLF PORTRAIT

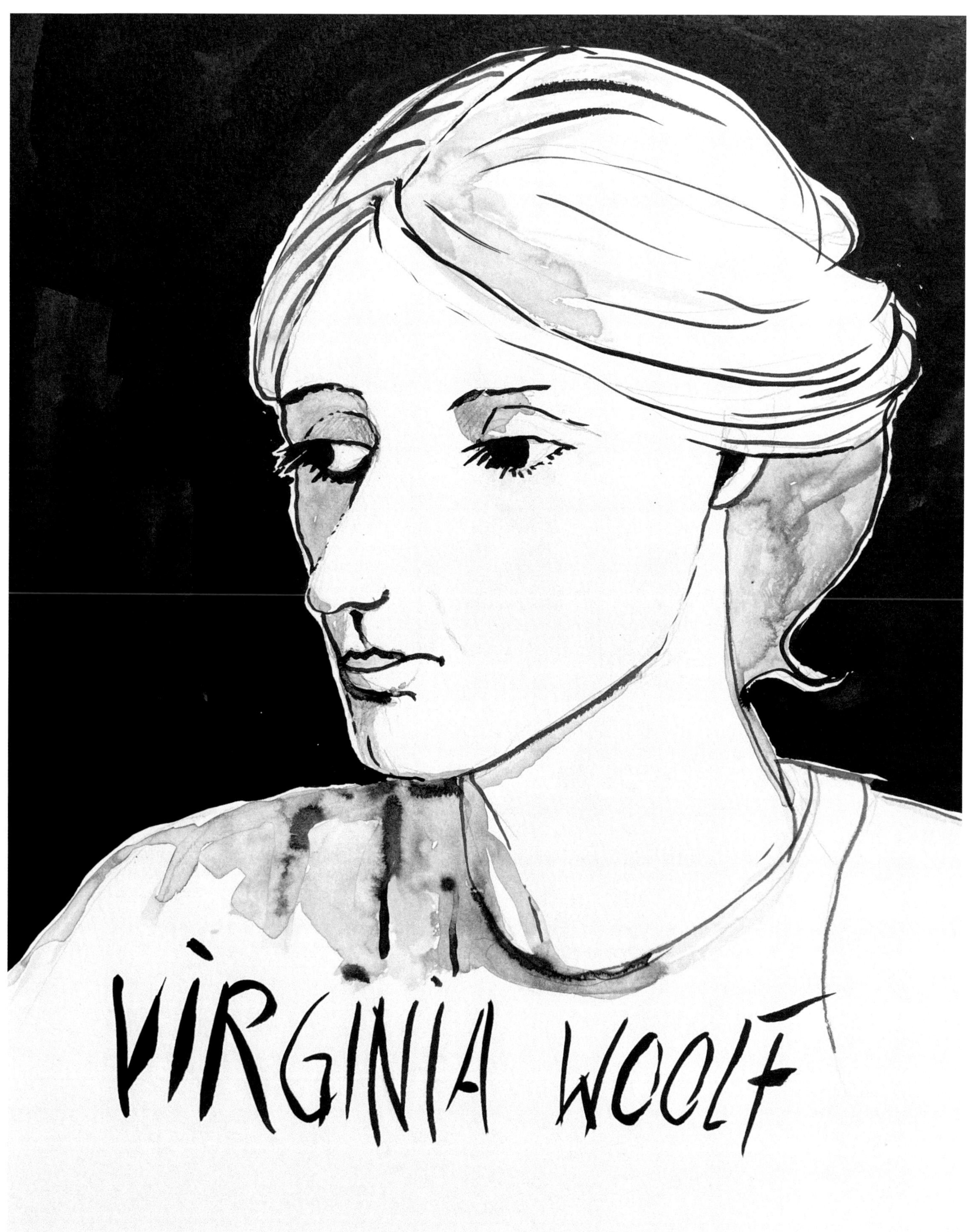

VIRGINIA WOOLF

BUCHCOVER
ICH BIN VIRGINIA WOOLF

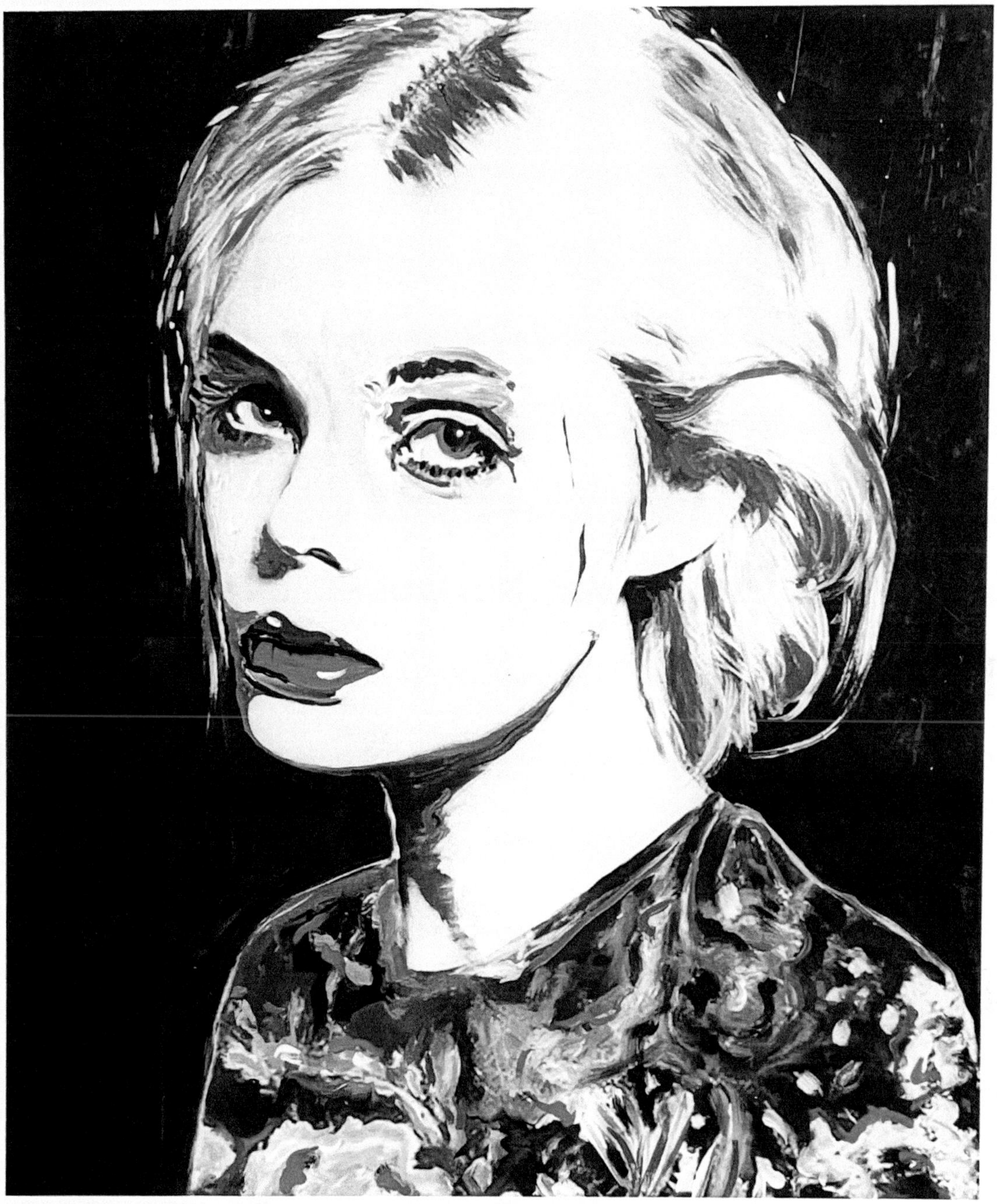

Ich bin Virginia Woolf

Pola Polanski

Roman

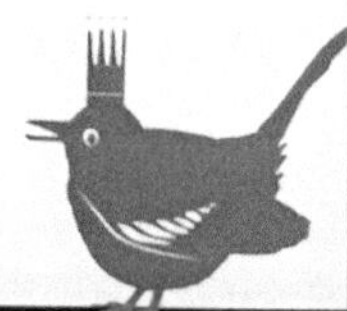

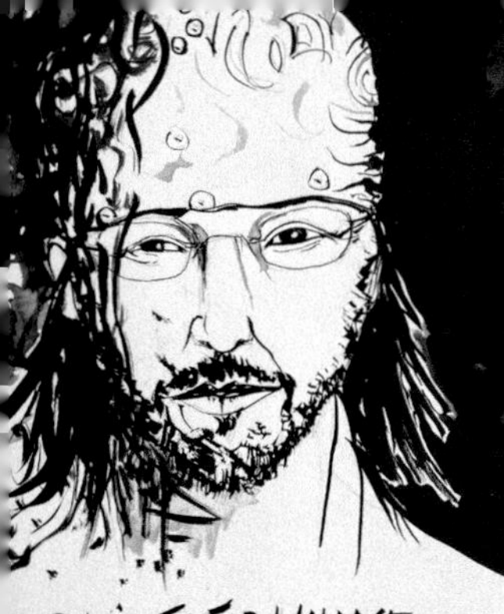

DAVID FOSTER WALLACE
HAT SICH ERHÄNGT

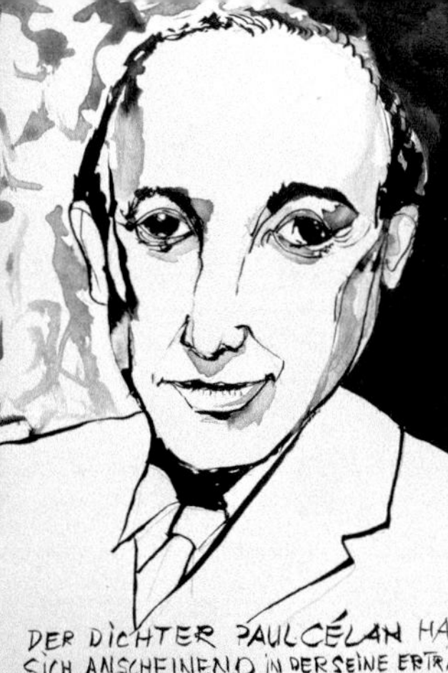

DER DICHTER PAUL CÉLAN HAT
SICH ANSCHEINEND IN DER SEINE ERTRÄNKT

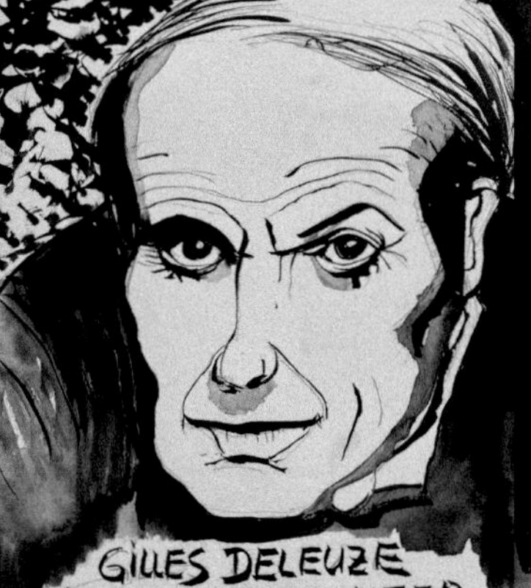

GILLES DELEUZE
IST AUS DEM FENSTER
GESPRUNGEN

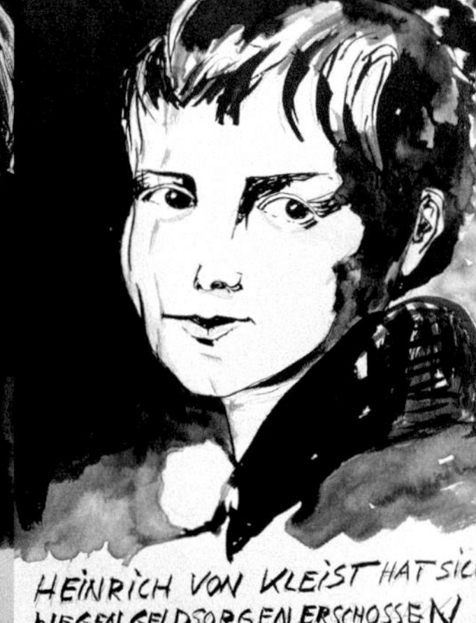

HEINRICH VON KLEIST HAT SICH
WEGEN GELDSORGEN ERSCHOSSEN

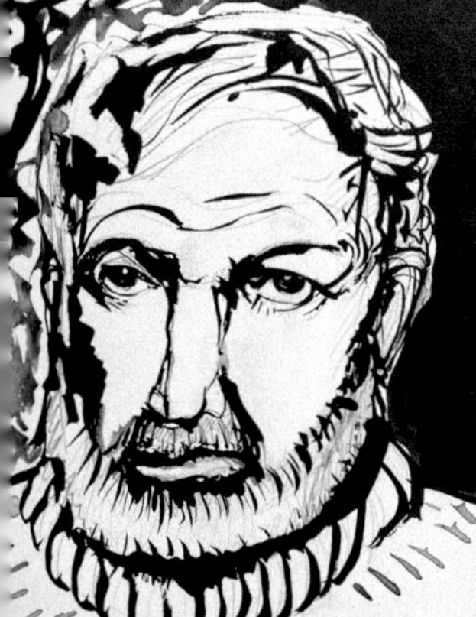

HEMINGWAY
AT SICH ERSCHOSSEN

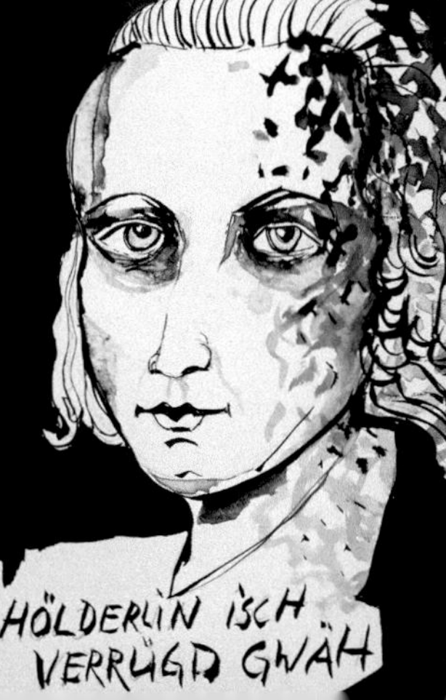

HÖLDERLIN ISCH
VERRÜGD GWÄH

KLAUS MANN HAT SICH
MIT EINER ÜBERDOSIS SCHLAFTABLETTEN
UMGEBRACHT

STEFAN ZWEIG HAT SICH
MIT EINER ÜBERDOSIS VERONAL VERGI

GENIE
IRRSINN
RUHM
.DIE
MÄNNER

PAUL CELAN DICHTER

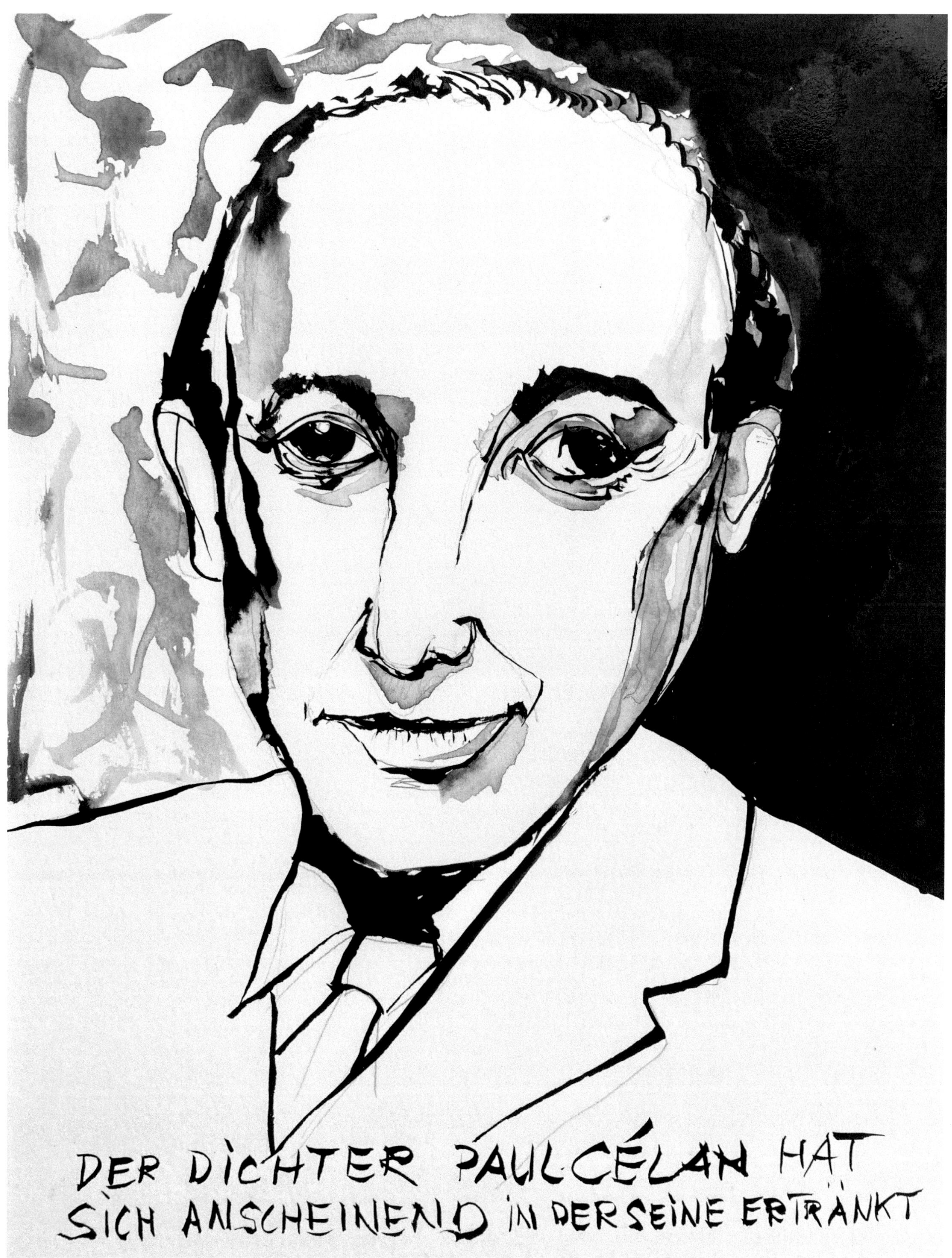

DER DICHTER PAUL CÉLAN HAT
SICH ANSCHEINEND IN DER SEINE ERTRÄNKT

GILLES DELEUZE PHILOSOPH

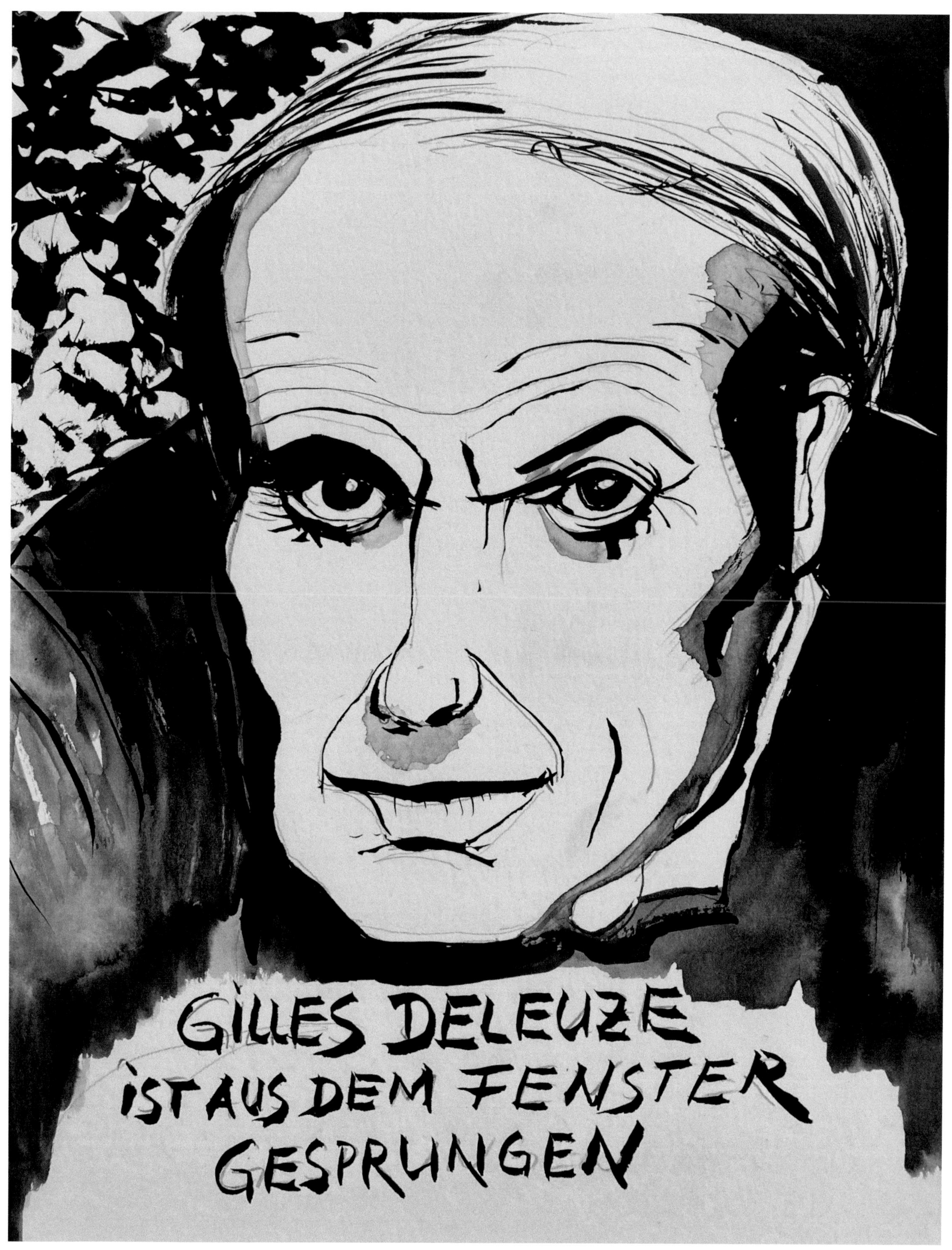

GILLES DELEUZE
IST AUS DEM FENSTER
GESPRUNGEN

ERNEST HEMINGWAY
AUTOR

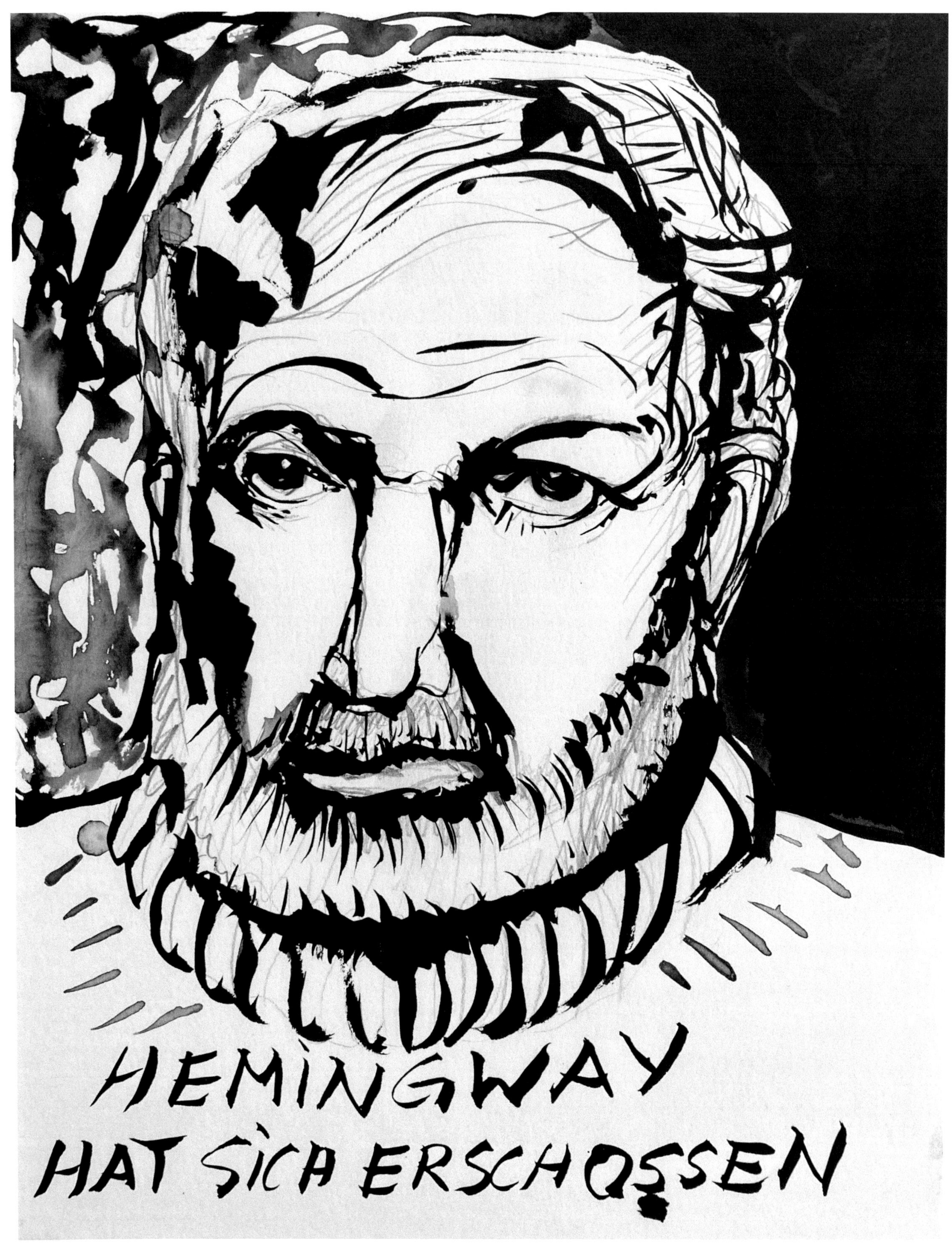

HEMINGWAY
HAT SICA ERSCHOSSEN

FRIEDRICH HOLDERLIN DICHTER

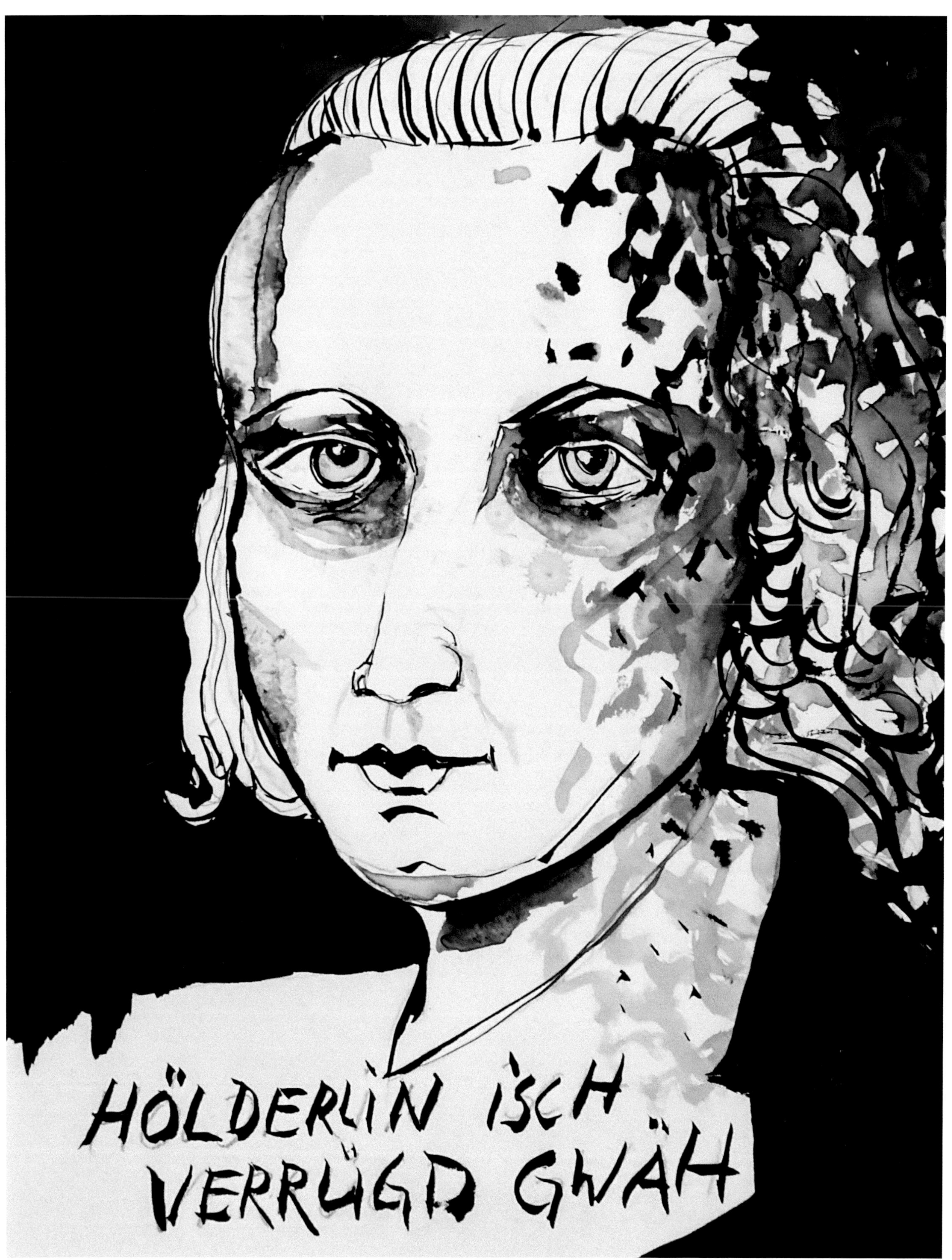

HÖLDERLIN ISCH
VERRÜGD GWÄH

HEINRICH VON KLEIST

AUTOR

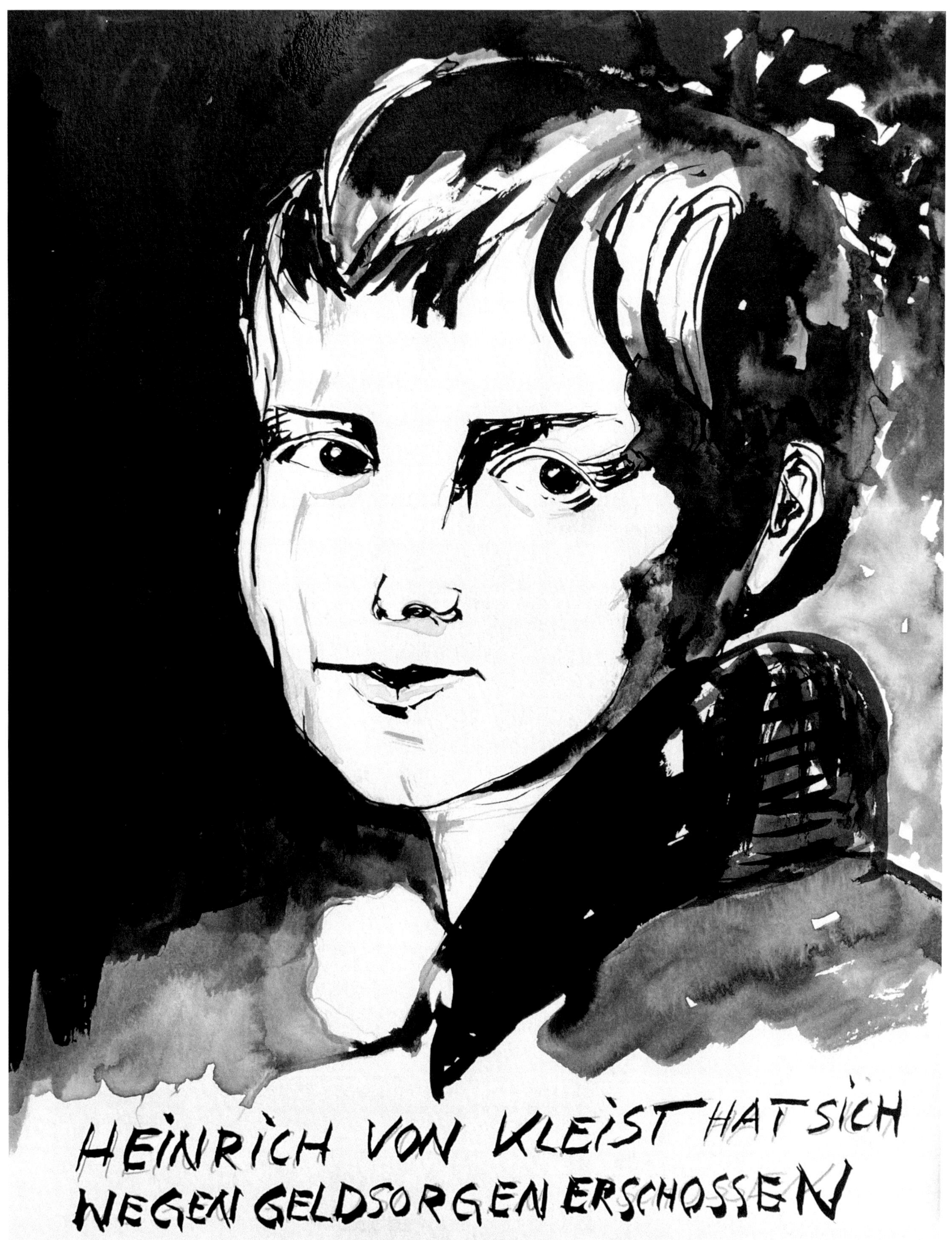

HEINRICH VON KLEIST HAT SICH
WEGEN GELDSORGEN ERSCHOSSEN

KLAUS MANN
AUTOR

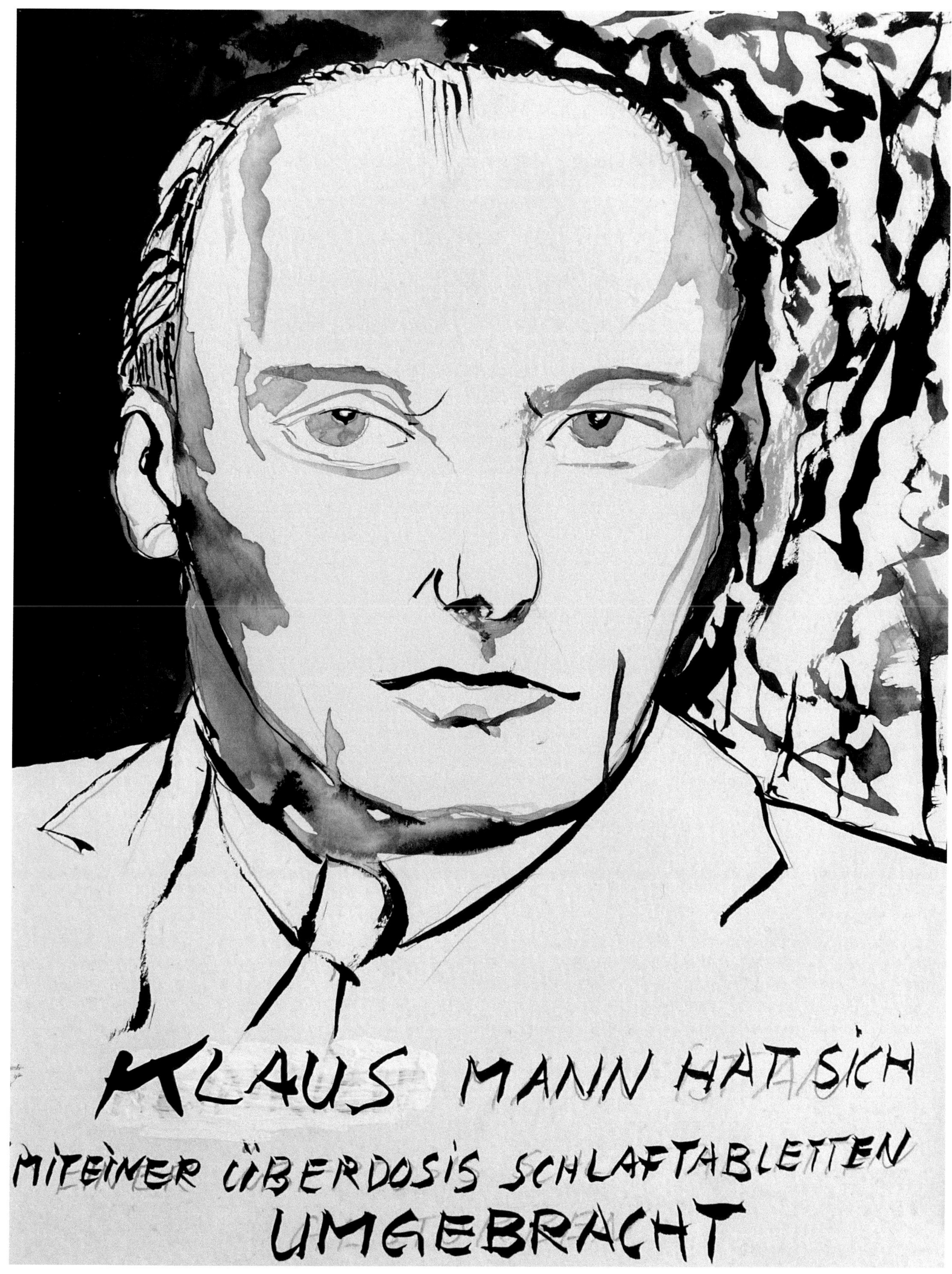

KLAUS MANN HAT SICH
MIT EINER ÜBERDOSIS SCHLAFTABLETTEN
UMGEBRACHT

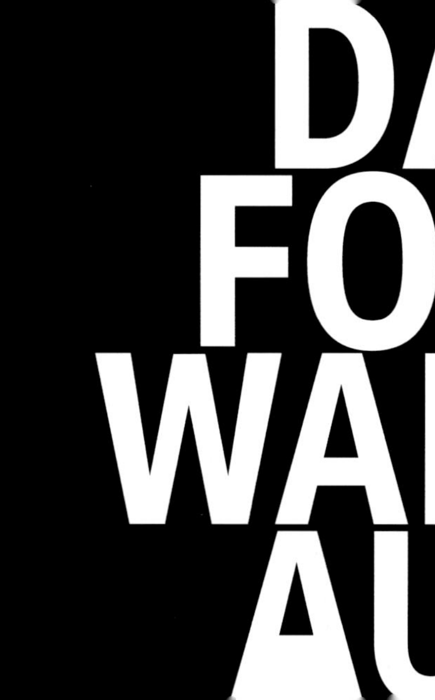

DAVID
FOSTER
WALLACE
AUTOR

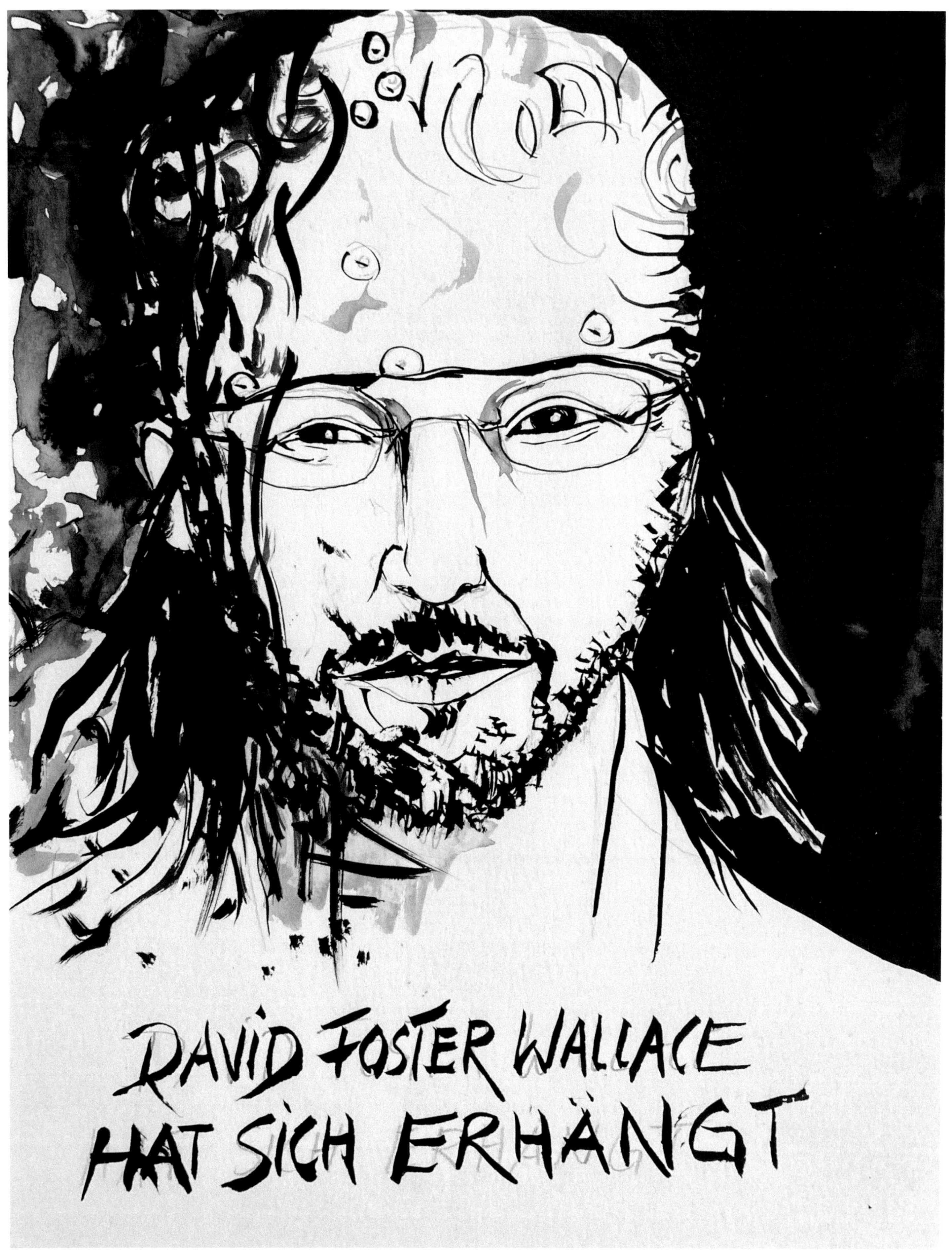

DAVID FOSTER WALLACE
HAT SICH ERHÄNGT

STEFAN
ZWEIG
AUTOR

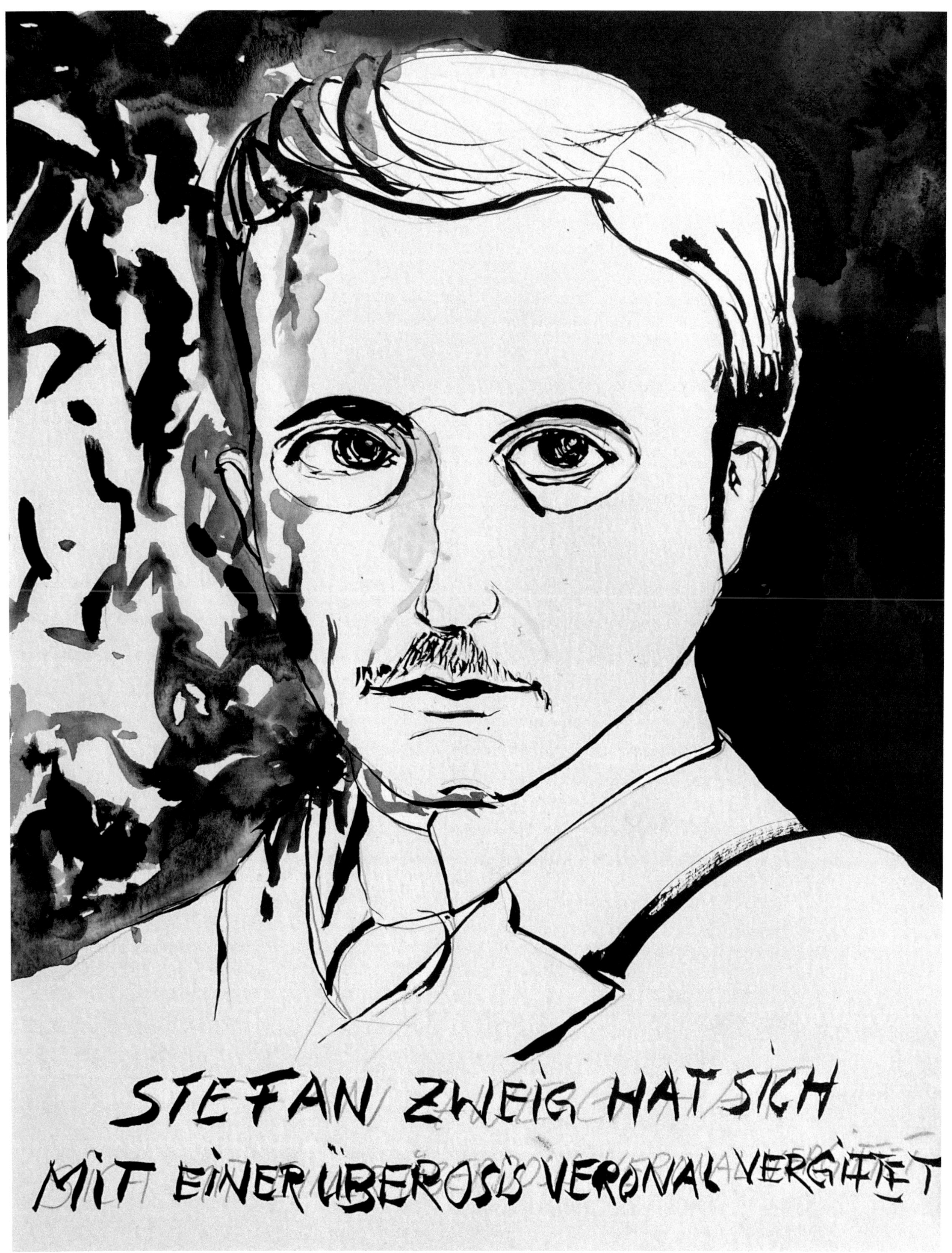

STEFAN ZWEIG HAT SICH
MIT EINER ÜBEROSIS VERONAL VERGIFTET

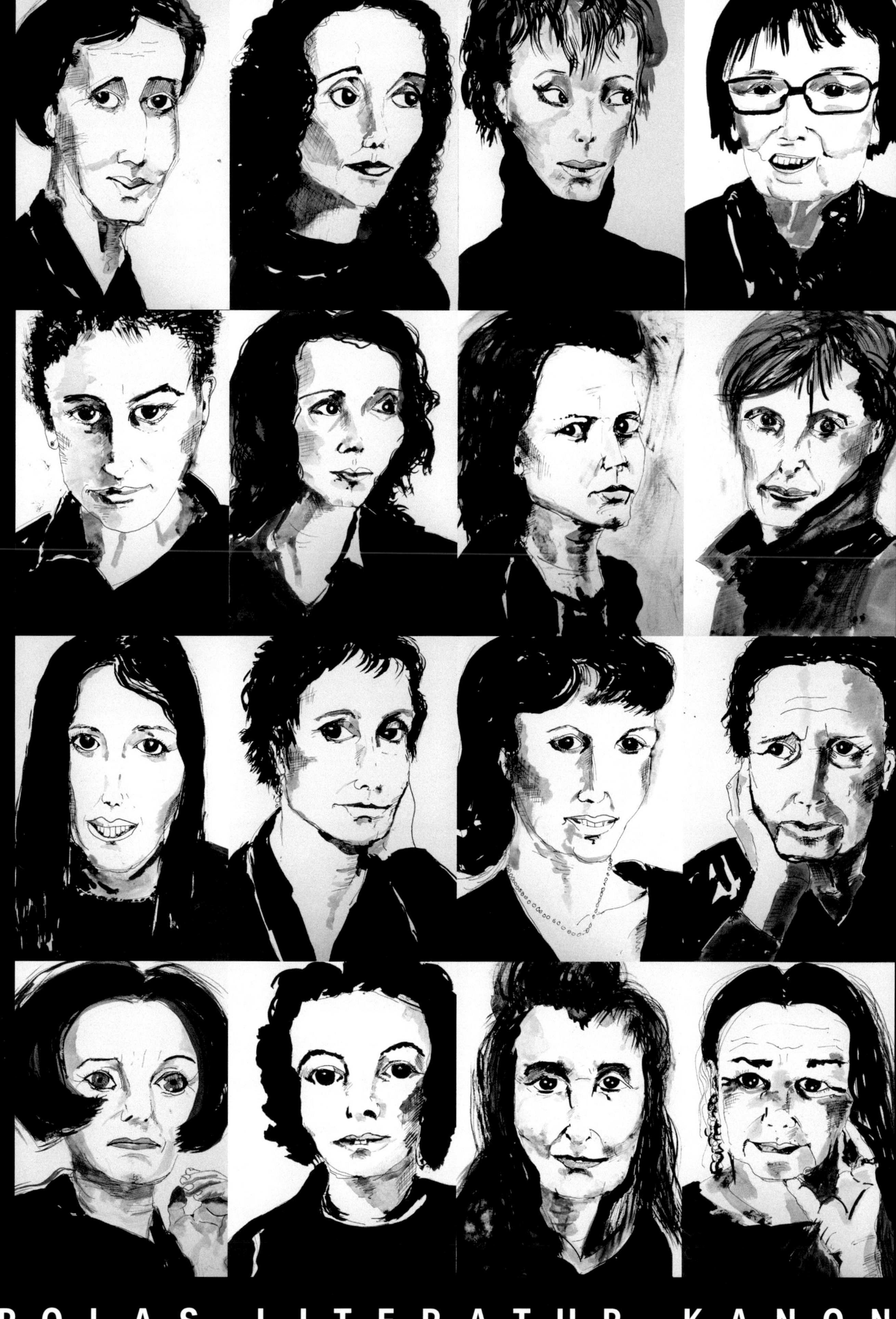

POLAS LITERATUR-KANON